[新西兰] 珍妮特 · 弗雷姆——著　　吴文权——译

后浪

我桌旁的天使：
珍妮特·弗雷姆自传三部曲

Janet Frame

2
我桌旁
的
天使

An Angel at
My Table

贵州出版集团
贵州人民出版社

目 录

第一卷
不顾死活的勾当

第二卷

寻找那根丝

第二部

我桌旁的天使

此卷献给斯克里夫纳一家，
弗兰克·萨吉森，卡尔·斯特德与凯·斯特德，
以及伊·帕·道森

不要惊慌，如果暮地，
天使选定了你的餐桌；
轻轻抚平你的面包下面
桌布弄出的几道褶痕。

里尔克:《果园》

· · · · · · · ·

《果园》(*Vergers*)：奥地利诗人里尔克法语组诗，此处引文出自第三首，译文选自何家炜译：《里尔克法文诗》，长春：吉林出版集团责任有限公司，2007年，第56页。

第一卷

不顾死活的勾当

普洛斯彼罗： 我能干的精灵！
谁能这样坚定、镇静，在这样的
骚乱中
不曾惊慌失措呢？

爱丽儿： 没有一个人
不是发疯似的干着
一些不顾死活的勾当。

莎士比亚:《暴风雨》,第一幕,第二场

本卷文前引用的《暴风雨》译文为朱生豪先生手笔。

一　石　头

未来累积，重物般压于往昔之上。童年之上的重物较易搬除，令时间如压倒的青草，复又焕发生机。接踵而来的少年时代与未来焊为一体，像一块块彼此紧挨的石头，其下的时间，往往无法如新草般再次绽放生命；此时的青草流淌着绿色的血，以新的形状趴伏着，与另一陌生时间纠缠一处，在那石下，后者的嫩芽孱弱无血。

二　卡罗尔街花园露台四号，达尼丁

周日慢车是列货车，末尾挂了节客车车厢。从奥马鲁到达尼丁七十八英里的旅程，足足花了七个小时。这趟车逢站必停，且在怀厄纳卡鲁阿的桉树林边少说停了半个钟头，直到北上的正午快车呼啸而过，才又慢悠悠起步，缓缓将两侧野生香豌豆围绕的小屋抛到身后。这些小屋是"旗站"[1]，我到此时依然无知，仍以为这名字来

⋯⋯⋯⋯⋯⋯

1　flag station：只在打信号旗时火车才停的车站。

5

自旗百合或沼泽百合；这种花花瓣呈深蓝色，管茎苍白中泛着微蓝，点缀着黄色斑点，沿途许多沼泽中均可见其身影。接下来，列车停靠汉普登站；我们每年都乘火车去那儿野餐，还没到牲畜装卸站便会下车，边上是一片礁湖，黑天鹅群聚湖上，宛如巨大的阴影。我们提着野餐的一应家什和垫子，脚步杂沓地走向下方海滩边的野餐地，旁边是一间海滩"厕所"[1]，木质马桶中间裂开、黑斑点点的，脚下的水泥地面汪着一个个小泥洼，散发着咸腥，四处散落着海鸥粪便，仿佛海鸥将更衣室当作了自己的厕所。记忆点点自往昔浮现，如工蜂修建甜蜜的蜂巢。透过车窗，我望着汉普登，望着黑天鹅和礁湖，回忆着那海，那遍布贝壳的海滩，海滩上那间厕所，还有铁路提供的树莓饮料，免费的。

接下来到了帕默斯顿[2]。列车莫名其妙围着这镇子绕圈，小山顶的石头纪念碑忽隐忽现，车厢里寥寥数人突然改变坐姿，打开车窗，饶有兴趣地张望，因为帕默斯顿是往来旅客"打尖"的地方，快车来来往往，旅客们像蝗虫一般，将火腿三明治、白糖面包和刚出锅的热馅儿饼一扫而空，货车上的旅客只能捞点儿残羹剩饭[3]，他们跟此前的货车旅客一样，为饥饿与干渴所折磨。

太阳的炙烤，山火的焚烧，令帕默斯顿周遭的山峦尽显颓像，偶尔有一株枯木立于山谷或半山腰，或者一

· · · · · · · · ·

1 "dunny"：澳大利亚及新西兰英语中的"厕所"，不带更衣室的海滩也将厕所充作更衣室。
2 Palmerston：新西兰南岛城镇，离达尼丁十八公里。
3 原文用的是"stalks"（植物的茎），以配合蝗虫的比喻。

个树丛，其中的树有些早已枯死，有些除薄薄一层发亮的树叶外，已几近赤裸。列车驶近锡克利夫，两侧树木稠密起来，车厢里又一阵骚动，乘客们意识到要抵达锡克利夫站了，同时也瞥见山间那黑黢黢的石头城堡，那是锡克利夫医院，一座疯人院。

列车驶入锡克利夫站。没错，这地方有疯子；车里的乘客都睁大眼睛往外瞧：哪个是疯子啊？在奥马鲁，我们管疯子叫"给送到南边去的"，在达尼丁，则称之为"给送到北边去的"。不过，一般情况下，谁是疯子，谁又不是，很难说清楚。这一站有几人下车，应该是探视疯子的亲属。我们家可没谁脑子出过问题，不过倒是听人说过，有谁"给送到南边去了"，至于他们是何形象，我们一无所知，只晓得这类人眼中有种诡异的笑，会挥着面包刀或斧子砍人。

一想到就要在达尼丁这样的大城市里生活，我内心便充满恐惧，也就无暇关注锡克利夫站的情况。列车离站，沿蜿蜒的轨道循着陡峭的绝壁继续前行，下方可见怀塔蒂及卡里塔尼的度假地，核心小组成员家的海滨"度假公寓"便坐落于斯。在那里，这世上最幸福的妈妈爸爸、兄弟姐妹过着快乐的日子，享受着海滩、帆船、阳光和假日游戏。

列车晃晃悠悠地向前爬行，发出嘎吱的呻吟声，灰色的大海远在下方，平静地铺展着，发出粼粼波光，好似海豹闪亮的毛皮。继而，列车驶入密西哇卡隧道，乘客们发出阵阵咳嗽声，车窗关了开，开了又关，整个车厢烟雾弥漫；出得隧道，抵达感便油然而生：查默斯港、雷文斯本、索耶斯湾，接着便是达尼丁港[1]，最后驶入达尼丁火车站，一个嘈杂的庞大所在，到处蒸汽氤氲，虽说下午四五点到达的是货车，人流不似因弗卡吉尔或利特尔顿[2]快车达到时那般拥挤，却同样激起我的恐惧与敬畏：我来到人生头一座大城市，形单影只。关于世上伟大城市的传言阴郁地笼罩在心头，这自然也包括达尼丁。我想到"黑暗的撒旦磨坊"[3]，想到人们如"笼中的松鼠"，想到大火、瘟疫和强征入伍。我呢，虽说愿意以作家为榜样，最终"爱上"这座陌生城市，就像查尔斯·狄更斯、哈兹里特和兰姆那样爱上伦敦，可首先想到的，除了凄凉与孤寂外，就是自己肯定会面对贫穷，不知道城市生活将如何毁灭自己：

> 我们诗人，年少时心欢意畅；
>
> 到头来衰颓老大，只剩下沮丧癫狂。[4]

刚刚出离童年的我，对华兹华斯的《不朽颂》谙熟于胸，我坚定地认为，诗中的危言便是针对我：

> 快了！你的灵魂要熬受尘世的苦楚，

· · · · · · · ·

1 查默斯港、雷文斯本、索耶斯湾、达尼丁港从北往南依次坐落在奥塔戈港内。

2 利特尔顿（Lyttelton）：位于新西兰南岛东岸临接班克斯半岛的港口小镇，距离基督城约十二公里。

3 这个说法（dark Satanic mills）出自英国诗人威廉·布莱克所作史诗《弥尔顿》的序言，写于1804年，原诗无题目，"耶路撒冷"是选集中的常用标题，通常诠释为早期工业革命对自然和人类关系的破坏。

4 出自华兹华斯的《坚毅与自立》，译文引自杨德豫译：《华兹华斯、柯尔律治诗选》，北京：人民文学出版社，2001年，第112页。

8

你的身心要承载习俗的重负，

像冰霜一样凌厉，像生活一样深广！[1]

诗中的威胁将在一座大城市中化为现实，这城市就是达尼丁。抵达那天，一切都很糟，聊可慰藉的是，即将入住伊瑟姑姑和乔治姑父的家，我的新家，花园露台四号，一个明亮的地方。花园该是建在露台上的，俯瞰着半岛的一个个小海湾，从我的房间望出去，会有同样的风景映入眼帘。明亮的房间挂着印花布窗帘，床上是颜色相配的床笠和被褥，像是给公主准备的。我上了师范，业余时间选修大学课程，人们会对我的想象力交口称赞，承认我是真正的诗人。对于诗人现实生活的细节，我尚未获得全面认识，因为即便最大限度地发挥想象力，我也无法完成从幻想到现实的转换。我研读过的所有诗人都来自遥远的国度，且均早已盖棺定论；也许我尚未确定未来的道路，但第一次离开家和亲人时，始终陪伴我的恰恰是他们。

我对伊瑟姑姑和乔治姑父所知有限。在我眼里，他们与大多数亲戚以及所有成人一样"令人生畏"。他们生活的世界与我迥异，我无法想象自己属于那里。那个世界里，人们反复念叨的，是数不清的亲戚朋友来来往往，是带着熟稔语气提及的地名，是某某人定是在某个该在的地方，如若不在，那么此前无数次的"是的，没错"，便会转为询问与传言。我所知道的伊瑟姑姑，是老照片

. . . .

1　出自华兹华斯的《永生的信息》，译文引自杨德豫译：《华兹华斯、柯尔律治诗选》，北京：人民文学出版社，2001年，第268页。

中那个漂亮的前舞蹈演员伊莎贝拉。相片中，她与同样美丽的波莉穿着苏格兰格子裙，齐腰的乌发如丝般飘在身后。许多老照片中，抱着爸妈第一个孩子默特尔的就是她，却见不到妈妈的踪影，弄得我们直问："妈，默特尔是伊瑟姑姑生的吗？你为什么不跟小默特尔照相呀？"她是那位每逢圣诞节都寄来包裹的好姑姑，弄得我们圣诞前一周便开始发慌，"那包裹怎么还没寄到啊？"近来想到伊瑟姑姑，就仿佛闻到樟脑球和衣物的味道，那是姑姑特有的味道，也会想象她身着黑衣，劳作在她一辈子劳作的地方；如今我知道，她已是罗斯林磨坊的管事，但还是会大声嚷嚷"洛蒂，洛蒂，米德尔马奇，米德尔马奇"。我想象中的乔治姑父，是个穿灰色大衣的苍白男人，他该是个推销员吧。

达尼丁半隐在雾雨中。出得站来，我搭上出租车，没行多远，车便沿着卡罗尔街朝山上驶去，最终停在半山腰。眼前便是花园露台四号，一栋小砖房，联排六栋中的第四栋。从卡罗尔街延展出两条小径，分别伸向房屋的前后门。放眼四望，触目皆是砖混建筑与灰色街道，高耸的烟囱层层叠叠竖在空中，我脑海中的城市正是这副模样。大海约莫就在东边，它总是不离不弃，从奥马鲁王国一路追随，陪我至此。

伊瑟姑姑在门口拥抱了我，身上散发着姑姑的气息，那气味就像塞满了各种面料的衣柜，巴厘纱、棉织物、丝绸、哔叽、绉纱。

"哦，简，我们就盼着你来呢。你以后会做老师对吧，真为你感到骄傲。但凡报纸上有人比赛得了奖，我们便会搜那名单，看你在不在里头，当然，也会找你两个妹妹的名字。多聪明的一家人啊!"

我站在那儿，羞怯地笑着，嘴唇抿得比平时更紧，好遮掩严重朽烂的门牙。社保医疗只覆盖小学生的牙科治疗，而我们家也没闲钱送我看牙医。

伊瑟姑姑的妯娌埃尔茜和她妹妹莫莉就住隔壁五号。莫莉就是那位在电台工作的阿姨，她与埃尔茜阿姨过来跟我打招呼。

"这就是简吧，你以后会做老师是吧?"

"是啊。"

那房子像是栋大玩偶屋，一进后门，便是仅容一人的洗涤室，内有带沥水台的洗碗槽，再往里，是兼做餐室的小客厅，称为"小屋"，顺着边上窄窄的通道走过去，便来到一间稍大的房，那是"大"客厅，紧挨着前门。楼上有两间卧室，都不大。卫生间在楼下的洗衣房里，去那儿先得穿过洗涤室。

伊瑟姑姑开口道:"你的卧室在楼上，就是一上楼那间。"

我们一起来到楼上，她向右一转，来到她和乔治姑父的卧房前。

"你姑父躺在床上，"她解释道，"要不要跟他打个招呼?"

乔治姑父患了癌症，之前我就知道。我走到他床脚，只听姑姑说道:"乔治，简来了，想跟你问个好。"

"你好，乔治姑父。"

"你就是将来要做老师的简吧?"

他脸色灰白，皮肤软塌塌像死人一般，我心里直犯嘀咕，被子下还不知藏着怎样可怖的景象呢。空气中弥漫着羊毛脂油腻的气味，梳妆台上放着一溜蓝色白色的空羊毛脂管子，有的扁扁的，有的卷起来。我对性事很好奇，同时也极无知，居然心里琢磨，羊毛脂是否与"那事儿"有关，伊瑟姑姑与乔治姑父是否还干"那事儿"。

也许干不了吧，毕竟是得了癌症的。

我们下楼喝茶，一边走，伊瑟姑姑一边说："他现在基本上都躺床上。"

回到火柴盒大小的房间，我坐到床上，朝窗外眺望，目光越过堵堵砖墙，映入眼帘的，是绵延数英里、高耸着烟囱的建筑。若是探头到窗外，便会看到天竺葵盛开的小花园，就在大门内侧，外面是通向街道的小径。我还以为城里没有天竺葵呢；瞧它们灰头土脸的模样，火焰绒般的花瓣上落了一层煤烟灰。我意识到，自己独处人生第一座灰色城市中，内心为期待所搅动，令我兴奋不已；可兴奋劲儿渐渐消退，焦虑不安占据了我。原来，直面未来就是这个味道：孤身一人、无人倾诉，想到去城市、师范学院和教书，内心便充满恐惧，但又要强打精神，不让家人窥见自己的孤独，装作有很多人可以聊天，好像在达尼丁过得舒服自在，好像教书是我渴望已久，愿意终身从事的事业。

三　师范生

本以为在达尼丁师范学院的头一周会很糟，实际上却也还好，毕竟我和许多人一样，都是初来乍到，战战兢兢，一心想立马学会大学生才有的从容。同时，老师们也全不像以前遇到的大人，他们会耐心解释，我们何以会有如此心态，尽量让我们能顺利完成角色转变，适应大学生活，话语中透出的见识令我惊叹。老师称呼我们为"某某先生"或"某某小姐"，偶尔也有称"某某夫人"的。只不过战争尚未结束，男性资源匮乏，没过几天，仅有的几个便被美丽的金发女郎据为己有，而其余人，包括我在内，只能靠想象恋爱的滋味过干瘾，一腔痴情都付与最帅的老师。

我听到了一种新语言，虽说不久它便会是我的，但此刻，靠近它的我心怀敬畏。那些亲昵的称呼和缩略语令我惴惴不安，这便是我迈向从容的第一步。我跟其他新同学不同，他们可以随便将"师院"（Training Coll）、"大学"（Varsity）、"帕蒂"（指的是校长[1]帕特里奇先生）和"试讲"（Crit Lesson）挂在嘴边，而对于我，这些词语充满魔力，依旧无法轻易说出。这种语言、各种姿态以及行为与着装的规范，我都慢慢在学，心中因之生出愉悦的归属感。可它不但与我内心真切的孤独相抵牾，而且愈发使之强烈。周四早晨集合时，我们静立等待"帕蒂"和教员到场，二年级的学长们则唱起他们的

1　校长（Principal）。

"歌"，要不了多久，那也会是我们的"歌"。这场面的重大意义令我心潮澎湃，他们唱道：

> 哦，教堂执事下去喽，
>
> 哦，教堂执事下去喽，
>
> 下到地窖去祈祷
>
> 这货喝得醉醺醺，
>
> 在下面待了一整天（待了一整天）。
>
> 哦，教堂执事下去喽，
>
> 下到地窖去祈祷，
>
> 这货喝得醉醺醺，
>
> 在下面待了一整天，
>
> 哦，我再也不会伤我主的心……
>
> 哦，恶魔穿了一只（哦，恶魔穿了一只）
>
> 伪善的鞋……
>
> 若你想下地狱烈火焚身，
>
> 就千万别按主的心意去做。

这欢快的歌声令我心动。它仿佛是从《弥赛亚》中选出的，每逢圣诞各个合唱团都会演唱，与这类音乐无关的人也对之耳熟能详。甚至有几个新生已经加入了合唱队。想到不久后我也会唱起"哦，教堂执事下去喽"，便好像天堂就在不远处等着我。大家有说有笑，兴奋不已，到处回响着那新的语言，充满力量与自信。

"帕蒂"和教员到场时，歌声停下来，包括教员在内的每个人，脸上都洋溢着自得之色，仿佛大家共同拥有一个巨大的秘密，仿佛学生时代是一生至为快乐的时光。

集合后我碰到了凯瑟琳·布莱德利和罗娜·平德，怀塔基女中的老校友。

"大学好好玩啊。"她们说。

"谁说不是呢？"我附和道。

我计划着去大学修习英文和法文，学费归教育部出，因此，开学第一周，帕特里奇先生便叫我去面试，他教的是教育学。我还记得他的模样，个子不高，皮肤黝黑，穿套黑西装，整个人干净整洁。他身上的权力光环来自其校长身份，听人说，他会在公告栏上贴通知，要求某某去见他。虽然也有人猜，但没人确切地知道，"帕蒂的通知"意味着某人将受到褒扬，还是遭到批评。

帕特里奇先生开口便问我的住宿情况。

"你是住那种招待所吗？"

"我跟姑姑和姑父住。"

他皱了皱眉。

"跟亲戚住不一定好。"

"哦，不过我跟姑姑姑父挺合得来。食宿费也就十先令。"

"那住什么地方呢？"

"卡罗尔街，花园露台四号。"

他又皱了皱眉。

"卡罗尔街？那个区可不怎么地。"

我知道，卡罗尔街与臭名昭著的麦克拉根街仅两街之隔，据说那儿是妓女的老巢，还不乏某国人抽鸦片的"烟馆"。不过在我看来，卡罗尔街倒很正常，我注意到，人们管那儿叫"叙利亚区"。

"根本不是什么好地方。"他鄙夷地加上一句，至于为何有此看法，也未做解释。

"这么说，你是打算学英文和法文喽？"

他翻查了一下桌上的文件，再次皱紧了眉头。"你该知道吧，即便中学成绩好，也未必就能读好大学。这儿的学生来自全国各地，这你晓得的。师院的课程可是很满的。"

我立刻馁了半分，点头道："我晓得。"

他却不肯就此罢休。

"说真的，有几个学生中学时很拔尖，选了大学课程却挂了科。"

最终，他还是同意我读英文和法文一级，不过极不情愿。离开办公室时，我感到，他的怀疑正在撕烂这新世界原本完美的边缘，这令我感到痛苦。我踏上联盟街朝家走，穿过博物馆广场，到达弗里德里克街，从那儿拐入乔治街，经过八角广场，进入王子大街，一路走下去，便回到卡罗尔街，我的不怎么样的新住址。不过，我依旧看不出卡罗尔街有何"不好"，不过是这儿的人更穷些，能上师院或大学的没几个，六点钟酒馆打烊时，门前的酒鬼比别处稍多……

要成为师院的一员，就必须满足一个先决条件，那就是认同它的新。教学楼是崭新的，而我却惧怕它的新，惧怕它毫无遮拦的样子。仅这一点上，我就是个失败者。我从未拥有过如此洁净的地方。师院与高中不同，高中每个班都有固定教室，它是学生们白天的"家"，而师院的教室是按科目分的，譬如教育室、艺术室，学生唯一的"家"便是衣帽间里自己的储物柜，可那里只能储物，不能容人。学生真正的"家"是公共休息室，然而那里不仅太宽敞，而且太新，让我很没安全感。不过我还是挺开心，因为从前的大学梦，牛津、剑桥什么的，还有《吉卜赛大学生》以及《无名的裘德》，仍然在我胸中燃烧，而现在我终于可以说"公共休息室，我要去公共休息室，他们都在公共休息室"。现实生活中，我却很少光顾那里。

让我胆战心惊的还有洗手间。洗手池边有座焚化炉，上写"废弃卫生巾投放处"。通常，你得拿着吸满血的卫生巾，在众目睽睽之下，"咚咚咚"地踏着瓷砖地板，从厕位走向房间尽头的焚化炉。两年师范生涯中，浸透血的卫生巾我都带回家，带回花园露台四号，趁伊瑟姑姑外出的当口，塞进洗衣房的垃圾桶，或者走到卡罗尔街最高处，胡乱扔到南区公墓的墓碑间。公墓已成为我最感"自在"的地方，我在那里思考，在那里写诗，那儿就是我在达尼丁的奥马鲁"山岗"。周末伊瑟姑姑点起餐厅的炉火时，会小心翼翼地问我"有没有东西要烧"，我总是说："谢谢，没什么。"

"有就拿来吧，别客气。"

"真没什么，谢谢。"

我仅有几件衣服，全都放在梳妆台的抽屉里，与之为伍的，除了等着给丢进公墓的卫生巾，就是卡拉梅洛巧克力棒的包装纸，巧克力是我在房间里吃掉的。我总怕人家觉得自己不是个完美的寄宿者，所以打一开始就告诉姑姑，自己吃得很少，是个素食主义者，一直在研读佛学，我不用上桌吃饭，反正就吃那么一点，在洗涤室洗碗槽的沥水台上凑合一下就好了。伊瑟姑姑也会提醒我，说欢迎到餐室吃饭，而我却出于极度的羞怯，谎称喜欢边吃边看书。渐渐地，虽然对城市不再如初来乍到时那般恐惧，甚至还弄明白了如何搭乘有轨电车，但却无法改变给人的印象，我依然是个胃口小的女孩儿，因此也就常常挨饿。我会在一堆待洗的餐盘中找到伊瑟姑姑的餐盘，里面会剩些小块的水煮罐头牛肉，她嫌那肉"太柴"，而在我却是无上美味。此外，我会买些一先令一条的卡拉梅洛巧克力，躲在房间里吃。

师院的社交生活我很少参与。我渴望有天能买件皱巴巴的华达呢雨衣，对大学生而言，那算是制服了。对爱情与性事我全然无知，瞅着那些找到"男人"的女人，其生活令我艳羡，她们不但达到了对自我的期许，也没有辜负亲友的希冀，从而令生活焕发出自信的光彩。而我呢，浪漫的情感都赋予了诗歌与文学，在师院课堂上，在刚刚开课的大学教室里，我的时间在梦想中度过。大学里没人要求我保持教师仪态。我坐在教室里听课，甚至没有老师提问我，因此不会被发表批评或评论的要求打断，可以对授课内容，有时甚至是授课老师浮想联翩。我全神贯注，惊讶于新知识的魅力，惊讶于师院及大学老师的学术热情与烁烁才华，惊讶于两所高校学生彼此有别的新语言。让我惊叹的，还有拉姆塞教授和格里格·卡梅隆教授在英文课上所呈现的莎士比亚和乔叟的语言，他们的讲解令我耳目一新；拉姆塞教授详尽分析了莎士比亚的每个用词，对莎翁语言及其内涵大为激赏，这深深感染了我们。一如奥马鲁的海，莎翁及其语言亦随我远游，来到达尼丁，将我的新生活与那个"已逝少女"的生活连接起来。我们仔细研读了《一报还一报》，此前从未读过的这部剧成为我最心仪的莎剧之一，剧中每一行都令我想法迭出。它们萦绕在梦想中，闪烁在诗行里，挥洒在期末试卷上，唯一遗憾的是，一直想就其创作文学随笔，却始终未能如愿。当年的大学老师不会让一级或二级学生发表书面或口头评论。不过完成师院的英文作业时，时不时我还能过把瘾，写写散文作品。

生活中每个瞬间或每个瞬间对生活的捕捉释放出一种物质，将如今的我与大学岁月的许多日常经历隔绝开来。我记得，也能再次体验曾有的感觉，但对曾经似乎必然发生的一切，如今的我渴望寻找理性的解释。当时的我不曾意识到自己多么孤独。我紧紧攥住文学，就像孩子死死抓住母亲。我记得，《一报还一报》这部我们深研细究的戏剧如何充斥着对纯真的践踏，充斥着情欲的挣扎与对此的评说，充斥着对生命、死亡与不朽的大段探讨。这一切令我倾心，始终在记忆中萦绕，"陪伴"我每一天的生活：

> 所谓生命这东西，有什么值得宝爱的呢？
> 在我们的生命中隐藏着千万次的死亡，
> 可我们对于结束一切痛苦的死亡却那么害怕。[1]

. . . .

[1] 语出《一报还一报》第三幕第一场，译文选自朱生豪译《莎士比亚全集》第一卷，北京：人民文学出版社，1994年，第326页。本书作者引用时不全，译者补全之。

这是以坦率的语言赤诚相见，直言安慰与治愈，解说复仇与清算，置生命与死亡于天平的两端。写到这里，我对学生时代的自己感到厌倦，因为那个我远未成型，甚是青涩，天真到可怕。其他学生是否也生活在这可怕的天真中，当时的我无从得知，可后来我了解到，许多人一样胆小、羞怯、懵懂，跟我过着同样拧巴的生活。我听说，为了丢弃卫生巾，有人特意绕远，跑到灌木丛生的城镇地带[1]。还有个女孩儿，头一周住在学生招待所，因为胆小不敢叫人换灯泡，自己想买又买不起，于是一直待在黑灯瞎火的屋里。我们的生命何其脆弱，因窘迫、懊恼和误解而备受煎熬；同时，它又如此炽烈，书籍、音乐、艺术与他人释放出的观念湍流，在我们心中掀起强烈的波澜。那是一段寻求庇护的时光，我们躲进强大的、抽象的、大写的"爱""生活""时间""时代""青春""想象力"中寻找安全感。

我将尴尬的垃圾丢进南区公墓，那儿是我心仪的所在。我太过羞怯，不愿跟伊瑟姑姑坐在狭小餐室的炉火边；有时，看到一堵堵砖墙、一座座荒凉的后院以及院中塞满了的垃圾桶，心里抑郁难忍，我便爬上山顶，坐在高高的荒草间，或者矮墙拱卫的坟头上，放眼俯视我的这座新城市，目光拂过卡弗舍姆，看到那栋像是教养院的灰色石头建筑，本以为它或许是那所工读学校，后来才得知那是养老院，名叫"帕科赛德"；再过去，是卡

. . . .

1 Town Belt: 达尼丁市中心的绿地公园。

里斯布鲁克体育中心[1]橄榄球场靠近铁路线的一头；还有欧沃尔公园[2]，内有周末前尚未清理的雨水洼和海鸥；再就是贫民聚集的圣基尔达，那儿拥挤不堪，一下雨便遭水浸，我在那里度过了人生中最初的六周。我的目光也会越过半岛，越过港口那一带水域，远眺开阔的大海，那是太平洋，我的太平洋。

我的太平洋，我的城市：我以自己的方式结识朋友。坐在旧达尼丁的久逝之人中（近年过世的人别有一处墓地，位于俯瞰安德森湾的海岬上），我获得了，或者说从他们那儿盗取了一丝平静。我置身于风中轻摇的高草中，与洋葱花、野豌豆以及深扎入土的酸模为伴。这里曾经属于墓地，如今已经荒芜，只余铁道和死者的遗迹。我会作首诗，等回到花园露台再写下来。路过街道最高处的电话亭时，突然间便会觉得，似乎只有逝者相伴还不够，于是有天傍晚，我给麦考利小姐打了个电话。从怀塔基女中退休后，她回到圣克莱尔跟老母亲住。她接了电话，可我不知道说什么好，紧紧攥着话筒不放，三分钟快到时，便塞进一便士硬币，一枚接一枚。在达尼丁的头几个月里，我打了好几通这样的电话。有天晚上，麦考利小姐提醒我说："简，你都花了一先令了！"这种做法才就此打住。

我没料到她能听到投币声，一时羞愧难当。我不敢承认，自己深感孤独，只好一遍遍重复，师院和大学生

. . . .

1　达尼丁市的主要体育活动场所。
2　达尼丁市的一处休闲公园，内有运动场地。

活如何精彩。麦考利小姐此前教授英文和法语。她问我，法语课还好吗？我说，噢，真是太喜欢了！这话没掺假，身为师范生，面对新的生活，英文和法文给了我走下去的勇气。那次后，我再也没打电话去圣克莱尔了。

几周后，我、凯瑟琳·布莱德利和罗娜·平德，三个怀塔基毕业生，受麦考利小姐邀请，去她家喝下午茶。这是一栋普通住宅，屋里到处都是坐垫靠垫，家具一律黑色。我们喝茶，吃撒了巧克力糖霜的巧克力蛋糕，聊起我们的学习情况，与老麦考利太太互致问候，然而，这一切始终笼罩在"阴影"中，这阴影就落在"理想与现实"之间。我曾以为，老师退休后，不会放下英语、法语文学研究，会写些相关的随笔文章。我们的交谈平庸琐碎。一个念头不时袭上心头：中学时代老师讲授伟大的文学作品，其实谈不上喜爱，不过是应付差事，硬着头皮熬日子，然后将之弃置一边，转而关注俗事杂务。真有这种可能吗？我有种上当受骗的感觉。不过我知道，大学老师们会研究不辍，直至生命尽头。你能想象拉姆塞教授和格里格·卡梅隆教授放下莎士比亚和乔叟吗？

他们若是女人，会将文学放到一边，专心照顾年迈的母亲吗？家庭琐事剥夺了麦考利小姐原本的追求，而出于同样原因，我母亲甚至连追求的机会都没有。每念及此，我都黯然神伤。

"再来看我啊。"麦考利小姐说。

我再没去过。

我回家的次数越来越少。通常我会买张"特权票"，乘坐周五夜车，到达奥马鲁已是凌晨一两点，周日再乘慢车返回达尼丁。回家的旅途中我会想，伊甸园街五十六号的一切都会不同吧？会是一派祥和吧？可一回到家，我立刻便感到后悔。伊莎贝尔和琼各忙各的事儿，父亲与哥哥敌意日甚，而母亲依然默默操劳，扮演着一成不变的角色，为全家提供食物，调解矛盾，创作诗歌。此外，除了"出版诗集"和基督重临外，她有了新的梦想（这让她成为童话中的人物），那就是女儿们如今长大了，二十一岁生日时该有一件白色狐裘。至于布鲁迪，虽然身体不好，但她梦想不改，依旧希望他恢复健康，出人头地。

对家和家人我怀有强烈不满。父母的无知令我愤怒。他们不知道西格蒙德·弗洛伊德，不知道《金枝》，不知道 T. S. 艾略特。我选择性遗忘了一个事实，那就是，年初时自己对弗洛伊德、《金枝》和艾略特亦所知有限。在新知识的巨大冲击下，各种信息从我口中喷涌而出，关于头脑、灵魂和儿童（包括正常儿童和少年犯），而我也是最近才发现，原来"儿童"是一种独立的生物。所有这一切，我都细细讲给懵懂的父母听，又是描述，又是解释，还列举出测量数据和各种名称。对于农学和地质形态，我同样怀有热情，大谈积肥和岩石的形成过程，理论到了我嘴里，仿佛变为自己的成果。我接受了各种对人的分类，多少是因为崭新的语言和强有力的词语令我目眩神迷。如今，我会如此这般跟家人说："那是理性化，那是心理升华，你这就是性困扰，你的超我跟你这样说，而你的本我却不以为然。"

听我说出"性"字，妈妈脸颊绯红，而老爸皱皱眉，只说了一句："这就是你在大学和师院学到的？"

我跟妹妹们解释她们的梦有何含义，为何"一切都跟阳具有关"。我还自作聪明地大谈 T. S. 艾略特和《荒原》，大谈《金枝》如何如何。我说"喜欢教书"，跟他们讲我们在师院学一个月，再到中学实习一个月；说我们有实习课，也就是试讲，一整天由自己独立授课，一个月结束，要提交实习报告。

妈妈骄傲地对我说："伊瑟姑姑跟我讲，你是个可爱的姑娘，很好招呼，即便人在家，也安静得好像不存在。"

"哦，那就好。"我说，只要她和爸爸高兴，我也就开心了。

"乔治姑父病着，你在那家里也能帮些忙。"

乔治姑父。怎么说呢，他就是个谜。有时他会下床外出散步，也不知去哪儿；他总是穿件灰大衣，消失在灰的夜色中，脸色透着灰回来；伊瑟姑姑会帮他脱掉大衣，解开围巾，陪他上楼躺回床上，有时会冲楼下叫我："简，麻烦你跑一趟，去叙利亚人乔那儿买管羊毛脂回来。"

我便会再次买回一管蓝白相间的羊毛脂。

"乔治姑父身体究竟如何啊？"母亲问道。（我开始叫妈妈"母亲"，以示自己已经长大。）

"我也说不清，"我说，"有时他会去散个步。至于他的病嘛，也没谁提到过。"

我知道，周围的人都在装，就好像他没病。我恨这种伪装，也恨待在家里，我觉着，自己已经永远离开了家，除了偶尔探亲，归来绝无可能。我看得出，这个家明摆着给厄运包围，这令我胆战心惊。我觉着，母亲生活的世界与"真实"的世界毫无对应，她的每句话都似乎在掩饰什么，都是谎言，都在拼命拒认"现实"。我在他人身上看到伪装，并嗤之以鼻，可我甚至没有意识到，自己也是这伪装的世界中的一员。

在我眼中，父亲是在这残酷世界之狂风中无助挣扎的人。我的脑海中常浮现出他骑车爬上伊甸园街大坡的画面：身体前倾，死撑着不向陡坡低头，不向自北方雪原迎面袭来的劲风低头；这股风顺"哈卡塔拉米亚峡谷"直吹向南部的崇山峻岭。还有我哥哥那张年轻的面庞，像鲍勃伯父一样根根直竖的头发，发病时因备感无助而颤抖的嘴唇和洒下的所有泪水。还有我的两个妹妹：伊莎贝尔的脾性越发像默特尔了，她是个叛逆者，不羁而大胆，深受众人喜爱；琼系着威尔逊学院的蓝色腰带，别说倒挺配她娴静的气质，满脑子都是朦胧的诗歌与音乐，最有可能分享我的阅读品味，理解我对宏大抽象概念的冥思。我的家人都属于那个共同的"我们"，但这"我们"已经不复存在。谈到大学生活时我想用"我们"，但知道那只是徒劳，我所描述的是"他们"，也就是其他学生，在做什么，去哪里，有着怎样的感受，说着怎样的话，而为了生存，我得掩盖我的那个"我"，掩盖我真实的所感所想，掩盖我梦想追求的东西。我已离开第一人称复数，变为影子般的"我"，几乎空无一物，宛如没有女性的蛮荒之地。

我给人称作"学生"，是"他们中的一员"；这个群体是达尼丁公众抱怨的对象，是老师或爱或怨说起的"哦，我的学生们!"亲戚们提到我，会不无骄傲地说"你知道吗，是个大学生"。同学们参与各种活动，戏剧排演、体育运动、辩论、舞蹈、恋爱，我感觉到他们兴奋快乐，想到学生生活，自己也陷入了极度的兴奋眩晕中。仅仅知道自己置身其中，便令我目眩神迷。坐在大学课堂里的欢欣难有其匹，而这欢悦几乎全部源自英语文学；格里格·卡梅隆真就像是《语法学家的葬礼》[1]中的语法学家：

> 这才是他的位置：这儿陨星疾射，
>
> 闪电爆裂，云生成，
>
> 星宿来往，暴风雨迸发出欢乐，
>
> 露水带来和平!
>
> 崇高的志向必须有相应的效果——
>
> 让他在此安葬，
>
> 让他在俗世料想不到的高处
>
> 生活，和死亡。

他自己并不知道，站在洛厄·奥利弗堂，也就是我们的英语文学教室的讲台上，大谈《贝奥武甫》和《农夫皮尔斯》时，他就是布朗宁笔下的语法学家，"我们的大师，天下闻名，如今已经安息"。

　　一切都极为迅捷地发生着，脚步无丝毫迟缓；即便是大学庄严的石墙也在飞旋，携着其不为人知的生活。

. . . .

1 罗伯特·布朗宁的诗作，这里引用了飞白先生的译文。

然而，休息室和餐厅这类人来人往的地方，我却一向怯于光顾。大学学生会大楼门外，摆着学生周刊《批评家》，旁书"请取阅"。整个大学生涯中，约莫只有三四次，我壮起胆子上前拿了一份。大学生活如此自由，我却缘何如此封闭？我渴望勇敢，能向《批评家》投稿，寄上我的诗作。走廊里摆放的桌椅上，偶尔会有这本杂志上撕下的几页，揉得皱巴巴的，我却像是捡到了宝，仔细研读其上的故事和诗歌，想象自己的诗作刊出，诗中的我勇敢发声，光彩照人，一扫怯懦、孤寂与惧世之感。我知道学生会大楼里有个稿箱，鼓励学生投稿，可我连走进那栋楼的勇气都没有。我梦想写出光彩熠熠的诗作，一鸣惊人，博得世人赞许，却也心知肚明，《批评家》上的诗歌透着令人艳羡的成熟、自信与才华，我是望尘莫及的。人人都在写自由体诗，丢弃大写字母和标点符号，常常携带着客体直接蹦进诗行，譬如"梦想中的……高天……低垂着"。

诗人们喜用某些词汇，用得自信而坚定，譬如丰饶角、大腿、阴茎般的、娼妓、不死、无言、无法呼吸、眼睛、心、头脑、子宫；他们的诗充满体验，扎扎实实，有时简洁，有时任意挥洒。男性诗人深受约翰·多恩的影响，下笔便是书写女性，心、床、灵魂、肉体的隐喻交互交织，而女性诗人笔端多出现鲜花、森林和海洋。受霍普金斯"跳跃式格律"和狄兰·托马斯用词的影响，我的诗走神秘一路，充满意象。它们出自我的过往、影响我过往的他人的过往以及我的当下，聚焦于我刚刚获得的弗洛伊德式透镜之下。这透镜带一抹天竺葵的色彩，

27

那是荒原上的天竺葵，也是花园露台四号的天竺葵，但这花给一个疯子猛摇而死。

我总是同母亲一样与诗人结盟。他们天马行空的念头为我所取。研读过雪莱的诗句：

> 真正的爱情不同于黄金和泥土，
>
> 它不怕分给别人，越给越丰富。
>
> 爱情像是理智，照临的真理愈多，
>
> 就愈辉煌；它也像是你的光波，
>
> 呵，想象！因为你从地面和天空，
>
> 并且从人的幻想深处放出光明。[1]

之后，我对自己，也会对任何乐意倾听的人宣称，我"相信""自由的爱情"和"多配偶制"。多可笑，小钱都缺的人，却做着巨富的梦。

对我而言，最具魔力的词依旧是"想象力"，这是个熠熠生辉的崇高字眼，始终能创造出内在的光辉。柯尔律治所著《文学传记》是大学指定的"必读书"，经研习，我对想象力的构成有了深入了解。下面这段话我已烂熟于胸：

> 我将想象力分为主要和次要。我认为主要想象力是所有人类感知的生存力量和主要中介，也是无限的"我是"（I AM）中永恒创造行为的有限思想的重复。次要想象力在我看来是前者的反射，与有

1　出自雪莱诗作《心之灵》，见查良铮译：《雪莱抒情诗选》，北京：人民文学出版社，1958 年（1993 年重印），第 251 页。

意识的意志共存，并在中介方面与主要想象力相同，唯一不同的地方在于程度和运作模式。为了重新生成，它先是溶解，接着扩散，最后消散；即使这一过程变得不可能进行，它无论如何也会努力形成思想并统一。就算所有物质（作为物质）本质上都是固定的和死亡的，它在本质上也是有生命力的。相反，幻想除了固定性与有限性，没有其他对立物。幻想实际上只是一种从时间和空间的秩序中解放出来的记忆模式；它与意志的经验现象混合并被其修正，这一过程我们称之为"选择"。但是，与普通记忆一样，幻想也必须接受一切根据联想律制定的现成材料。……最后，良好判断是诗歌天才的躯体，想象是它的帷帐，运动是它的生命，想象是无所不在和遍布个体的灵魂，将所有部分统一为一个优雅和智慧的整体。[1]

令我为之神驰的，除了幻想与想象之间那道隐秘的鸿沟，那片黑暗，那座荒原外，还有越过幻想后的孤单旅程，一人踽踽独行，前方唯有想象。这成为我的目标，我的宗教。从未有人禁绝对想象力的联想，或对其侧目皱眉；虽对自己的想象力不存幻想，我隐秘的诗人生活却紧紧把握它，它在我阅读的诗文与我之间流动；即便给人窥破八成会遭嘲弄，即便写下"困惑"与"升华"时我更会嘲弄自己，也不能伤想象力分毫，更别说将之摧毁，因为正如柯尔律治等诗人所言，它是"崇高"的。那时

1　引自《文学传记》（王莹译，北京：中国画报出版社，2019 年，第 240—241 页，253 页。）

的我渐渐明白，生活呈现给人们各种盛宴，人却常因未获邀请而心生恐惧，而我则看到想象力的盛宴展现于眼前，对我充满爱意，充满慈悲，无比丰盛。

战争依然未停。朽坏的牙、身上的衣、包里的钱、讲台上的实习，桩桩件件困扰着我。发薪日，我到阿瑟·巴尼茨银行兑换支票，拿到九英镑三十九便士的津贴，然后与同学一道去银光烧烤店，点了一道"烧烤拼盘"。有几个学生竟然会点咖啡。他们，也就是我们几个不爱说话的，悄悄议论那些胆大妄为的同学，酸酸地说谁跟医科生"拍拖"，据说医科生对性"了若指掌"。他们会讲："来，我告诉你，你的肋骨在哪儿。"

战争仍在继续，为日常生活的虚幻笼罩上另一层虚幻，制造出悲切、可怜与无助感。萦绕心头的疑问是，何以如此？

花园露台四号，乔治姑父的苍白转为暗灰，预示着死亡步步逼近。他不再出门散步，也不再下楼看伊瑟姑姑，跟她聊几句，逗逗虎皮鹦鹉比利；比利会说："帅男孩儿比利，帅男孩儿比利，上楼卧床去，上楼卧床去。"越来越多的羊毛脂管子挤空扔掉了。回自己房间前，我会去跟姑父道晚安。站在他床脚前，我审视他裹在被子下的身形，寻找癌症的迹象。这病他与伊瑟姑姑掩盖得密不透风，它贪得无厌，大吃萨兰兹牌羊毛脂。

一个星期天，我从公墓散步回来，伊瑟姑姑在门口等我。

"简，乔治姑父过世了。"

我对他一无所知。乔治姑父，曾经生活在米德尔马奇的旅行推销员。米德尔马奇。米德尔马奇。这个地名伊瑟姑姑常挂在嘴边，让我以为米德尔马奇是她的，这世界也是她的，然而，属于她的其实是乔治。虽对他说不上有何感情，但面对死亡，我一样痛彻心扉，泪如泉涌，奔上楼，一头扎进自己的房间。第二天我没去学院，帕特里奇先生询问为何缺席时，我有意识地拿出符合丧痛的悲伤语气，说："我姑父周末过世了，所以就待在家里帮帮姑姑。"

乔治姑父的妹妹们将遗体搬到隔壁的五号，准备葬礼事宜，我感到，长久以来关于乔治姑父归属的争议，终于在他移到隔壁后得到了解决。

隔壁屋的大床如今铺上了崭新的床单，洋溢着明媚的春色。我偷偷摸摸丢弃糖纸和卫生巾的垃圾桶，如今塞满了蓝白相间的空羊毛脂管。

对乔治姑父的病痛和死亡，伊瑟姑姑依旧缄口不语。上班她几乎没落下，仅仅请了一两天假收拾房子，一捆捆床单要么清洗，要么烧掉。有时，她的面庞和眼睛带着暮色，像无泪的丧痛才有的表情。但她仍旧谈论米德尔马奇，重新将无处排解的情绪投注于它。

四 再说"河流纵横的国度"

战争依旧持续，而我对它的认知，却仅来自现代文学。但凡来了新同学，年龄稍长，一瘸一拐，或者缺胳膊少腿，我便会从俗，当他是"从战场归乡的老兵"，全因此种解读大致不错。此前我浸淫其中的，是陀思妥耶夫斯基笔下晦明参半的世界，是哈代笔下繁星灿烂、穹庐笼盖的壮丽，厄运之手漠然摆布每个人物，将其抛入孤寂与压抑中；如今，我离开这些离世较久的作家，眨眨尚不适应的眼睛，发现了一众新作家，有的刚刚辞世，有的生活在这战火纷飞的年代，仍然笔耕不辍。我阅读詹姆斯·乔伊斯和弗吉尼亚·伍尔夫，也读奥登、巴克尔、麦克尼斯、罗拉·莱丁的诗，还发现后者是罗伯特·格雷夫斯的前妻，再就是狄兰·托马斯，我敢说，那时，但凡一个学生读诗、写诗，都当他是自己的偶像。我买了本西德尼·凯斯[1]的诗集，久久盯着他的照片，为其早逝而哀伤。有几本书我很是宝贝，包括 T. S. 艾略特的小开本诗集、名为《诗歌伦敦》的厚重选集（内有亨利·摩尔的画和亨利·米勒的文）以及我的《战时诗选》。阅读后一本书时，我完全忘记了家乡那一份份阵亡名单，忘却了阵亡的奥马鲁青年，我们熟识的街坊四邻的兄弟儿子；我沉浸在伦敦空袭中，体味着火灾警戒员和防控队员的日常。奥登的《1939 年 9 月 1 日》、书写"战争四季"的诗歌以及莱内特·罗伯茨[2]的《哀悼》我已烂熟于心：

　　　　四栋家宅坍毁，五座小山摇摆，

· · · · · · · ·

1　西德尼·凯斯（Sydney Keyes, 1922—1943）：是英国二战时涌现出的诗人，1943 年 4 月 29 日阵亡。
2　莱内特·罗伯茨（Lynette Roberts, 1909—1995）：威尔士诗人和小说家。她的诗歌书写了她所居住的小村庄的战争、风景和生活，其作品受到许多诗人的赞赏，其中包括艾略特、狄兰·托马斯和罗伯特·格雷夫斯。

遭遇空袭的那天记忆深刻脑海。

惊惧的眼睛像缺口的茶杯般僵硬，

伤者鲜血淋淋，死者倒在痛苦中。

死得像冰骨砸塌树篱，

死得像泥土心力衰竭，

死得像树木浑身战栗，惊恐

目睹灼热的死亡自天空倾泻。

当时，有一项名为"战争行动"的全国性运动，鼓励全民参与，因而也触及了我的生活。那年夏天，我和同学们受到征集，去奥塔戈中部米勒斯平原的惠特克农庄采摘树莓。想到要去"上中部"我就兴奋不已；自孩提时起，那地方便令我魂牵梦绕，一直以为那是架梯级窄窄的高梯，姨妈叔叔们攀着它上到云端，过个周末，或待上更长时间，然后下来，心满意足地说"我去上中部了"。

而现实情况是，我们搭乘一辆旧巴士踏上旅程，沿着尘土飞扬的道路穿过一个个山谷，两侧光秃焦干的山拔地而起，仿佛到了月球表面。我们到达一片土地肥沃的平原，绿色的河流纵贯其中，水势湍急，白浪翻滚；当地人叫这条河莫利纽克斯，到了下游，称作克卢萨。第一眼看到这条河，便觉得它是我生活的一部分；我居然宣称，这片土地上的种种是我"生活的一部分"，这该有多贪婪！这河流发源于白雪皑皑的高地（我们此时已经毗邻高地了），一路咆哮，据说有时也平静柔缓，最后汇入大海。这是条沉重的河流，源自自然的水沉甸甸向前冲去，呈现出各异的色彩：雪青、湛蓝、泥黄以及借自阳光的虹彩。它的沉重还来自死者赋予的力量：枯萎或连根拔起的植物，牛羊鹿的尸身骨骸，间或也有溺亡者的遗体。

我给城市囚禁了整整一年，除了学业就是写作，时刻小心谨慎，规范行为，抑制情感，全因自己的新角色：一个成年人。如今，我与克卢萨河面对面。岩石、石头、大地和日头无不对它施加压力，但它却坚忍不拔，一往无前，蓬勃的生命洋溢着自由的气息，却绝不孤寂，水面上那道闪亮的苗条彩虹，将它与天空、阳光缀连起来。我觉得，这条河是我的盟友，能道出我的心声。

我爱上了奥塔戈中部和这条河，爱上了光秃秃的山峦，其荫蔽之处，唯有自身荫翳覆盖的山坳，山色变幻，从淡金到亮金。清晨天色澄碧，万里无云，傍晚天光暗淡，陷入沉沉紫霭。我们住大棚屋，墙壁与屋顶均为波纹铁皮所制。白天，阳光炽烈，灼烧着户外的空气，夜晚，暑热集聚屋内，我们别无他法，只能咬牙忍受如此昼夜。每天从早至晚，我们以农人教授的法子采摘树莓，弯下身子，轻柔地将果实抚下茎秆，将这毛茸茸的柔软小球放入挂在脖颈上的锡皮桶内。手给树莓汁染红，给树莓刺划伤；那刺单独一根触之柔软，密集于茎上则如针般尖锐。我的脸、胳膊和腿都给晒伤。我活儿干得慢，挣的钱将将够付返回奥马鲁的旅费。

采摘者来自名称古怪的地方，譬如哇卡塔尼、玛塔玛塔、图阿塔婆立。在我眼中她们好似女神，所说所做的一切均令我痴迷。农家子弟就如年轻的神祇，我注视着他们的面庞、眼眸，仔细打量他们的双手、胳膊和腿，偷瞄一眼两腿间鼓胀之处，因为以雪草做衬垫，那里宛如一个雪球。世界如一场盛宴，供我们恣意享用，但有隐形的界线画在那里：我们不是河流。想到自己的处境，想到这场战争，我认识的一两个同学心里没底，人差不多给压垮了。师范学业已经过半，会顺利毕业吗？最后一年会如何？据传，社会研习报告要花一整年去写，有人讲，得写一本书那么厚。获取 C 级证书的这一年会顺利吗？我们的爱情生活会怎样？我们谈论渴望与爱，谈论我们害的相思梦，对象是为数寥寥、遥不可及的几个男生，学矿业的，学医的，他们无意间的善意言辞，说者无心，听者有意，令我们魂牵梦绕，激动间便觉得，一遍遍吟诵融化人心的诗句也便顺理成章：

> 真爱拥有我心，他的我亦珍存，
> 真挚付出公平交换。[1]

傍晚，我来到山上，漫步在马塔格力丛中。这是种带刺的沙漠灌木，粗粝低矮，灰色小叶似肮脏的雪片。我爱上了这灌木，虽然它遍布于奥马鲁周遭山上，我却刚刚获知其名。我问"这神奇的植物叫什么"，不记得是哪位神祇或女神回答了我。马塔格力（塔玛塔库鲁）的神奇一夜间在我新近觉醒的世界中绽放。在山上，我还发现了雪草，自孩提起便再未见过它，其叶如金色丝线，颇似丛丛细长的高草（tussock）。我曾以为，高草是以"托

----

1 出自英国诗人菲利普·锡德尼的《阿卡迪亚》。

索"丝（tussore silk）命名的，那是我曾梦寐以求的织物。那时，校服多为人造丝或棉布，仅有寥寥数位家境优渥的学生才穿得起"托索"。乳黄色的它质地柔软，光泽诱人，中间夹有粗线，触之令人心颤。我记得，默特尔一直幻想衣柜里挂着件"托索"裙，她常常吹牛说："我有件托索丝的裙子。"

那年夏天骄阳似火，激情四处撒播，令人感到以前书写下的文字无法与之相匹，譬如痛苦、狂喜、天真未失的期盼、痛苦的欢愉、欢愉的痛苦（我们"研习过""欢乐－痛苦原则"）。对我而言，那段记忆始终存于河流与土地的丰美中，存于马塔格力和雪草中，存于澄碧无瑕的天空中，而与之相伴的，是身处灼热的波纹铁皮屋中为火所困的噩梦。

我返回家中，夏日燃情渐趋冷却。我终于明白，亲戚们谈到去"上中部"时，为何异常激动，为何婴儿时的我将去"上中部"视作爬梯子上天堂。

伊甸园街五十六号前草地焦干，散布着干枯的鸭茅种子和枯黄的车前草。还有麦角，有待收集，供给"战争行动"。公牛围场上，蔓生的蔷薇丛上蔷薇果实累累，即将成熟。

伊莎贝尔和我躺在草坪上，我这个姐姐跟她聊师范学院的事儿，她带着一贯的怀疑态度倾听着。她正准备入学，届时会同我一起，跟伊瑟姑姑住花园露台四号。想到要"应付"伊莎贝尔，我便心生恐慌。

五　伊莎贝尔与城市的成长

伊莎贝尔虽与我甚为亲密，但论到行为、观念、经验和抱负，二人大相径庭。说到"人情世故"，她可是我跟琼的导师，告诉我们：如何捕获男友，捕获后如何相处，等他没用了，又该如何踹掉；如何做到面貌姣好、身材窈窕，好死死套牢他；如何对付他的霸道和小心眼儿，从而占据上风。她喜欢举例说明：她有着丰富的社交经历，身边总不缺男友；她会详细描述二人共处的细节，虽然她尚未"突破底线"，也会生动描绘发生了什么，真真假假的，还不时唱几句当时颇受欢迎的一首歌。那首歌是胖子华勒[1]用低沉的嗓音演唱的：

> 莫将你的唇这般贴近我的脸颊
>
> 莫要微笑，否则我会彻底沦陷
>
> ……要么给我一切，要么一切皆无……

伊莎贝尔人很聪明，想象力丰富，英文、法文成绩全班领先，演讲比赛曾拔得头筹，拿过一块体育奖牌，以前在跳远冠军赛上得过名次。在我们姊妹间的相互竞争中，此类获奖谁也没特当真，然而，毕竟这是荣耀，而且常有奖品，比如精美的书、奖章或支票。

对伊莎贝尔，我是嫉妒有加。什么到了她笔下，都描绘得活灵活现，丰富的细节皆采撷于想象，仿佛她曾

1　胖子华勒（Fats Waller, 1904—1943）：美国爵士乐作曲家、钢琴家，爵士乐跨步流派奠基人之一。

游历世界，曾生活在许多时代和地方；凡事她当真就是知道。她曾想做医生，可又耐不下性子啃书本，而且学医很费钱，于是便改了主意，先学师范看看，可六年级她一天都没读啊。

我这人敏感、矜持且顺从，自觉已经成年，富有责任感，眼见伊莎贝尔要走这步，禁不住有些担心：没在六年级读上个把年头，经受一下"生活的规训"，便"从五年级直升师范"，这真能行吗？伊莎贝尔的这个决定，仿佛始料未及的极端天气，令我的世界土崩瓦解，在其猛烈的冲击下，我精心夯实的行为模式碎成了渣。兼顾师院和大学功课令我疲于奔命，社会研究作业的题目已经下发，叫作"城市的成长"，据说要写一本书的篇幅，这一切令我无法想象，该如何"安顿"伊莎贝尔，很担心她能否坚持下来。我一贯循规蹈矩，"老实听话，从不捣乱"，而且深深沉浸在文学世界里，对修道士般的生活甘之若饴，即便间或会有动摇，但始终追逐着诗歌。我对未来没太多想法，虽然环顾左右，见他人踏上不同的道路，我的想法依旧简单。我希望伊莎贝尔像用布包裹晾衣夹做成的小人偶，给我们塞进小盒子，就那么待着，温暖而安全，没我们帮忙就动弹不得。我盼她做个好学生，能"循规蹈矩"，能听话顺从，能用功学习，赢得同学与老师的认可。我虽未明确自忖，也许心下也盼着校长会说："师院录取弗雷姆家的姑娘还真没错，她们姐妹属于那类最优秀的学生和老师。"伊瑟姑姑还以为，新来的弗雷姆姑娘同样乖巧懂事，会尽量低调，毫无怨言地接受我为自己制定的规矩，于是便欣然接纳了伊莎贝尔。我们到达花园露台四号，两人同住那间小房。关上门后，伊莎贝尔便开始发飙，说这简直荒唐，居然要跟我挤那张二点六英尺宽的小床。这是我的错，伊瑟姑姑也问过我，能否搞得定，我却怯怯地回答说："哦，应该没问题。"

"瞧瞧，就连姑姑都想到了。"伊莎贝尔恼火地说。

"噢，千万别再提这事儿。"我好言安抚她。两人心里都清楚，除了这儿，十先令一周的地方没处找。

我们睡不好，心里老是不痛快，时不时就拌嘴，像在家那样抢被子。见我接过一点点配给食物，毫无怨言地坐到洗涤室的条凳上吃，伊莎贝尔大为震惊，威胁着要"告诉妈妈"，说伊瑟姑姑要饿死我们，还居然打发我们去洗涤室吃饭，要我们睡丁点儿大的屋，转个身都难，还得挤一张丁点儿大的床，白天黑夜都给港口或从佛莱格斯塔夫及偏远山区沿东南山谷吹来的冷风冻得要死。而伊瑟姑姑自己却在餐室用餐，坐在熊熊的炉火前取暖。

我劝她还是守口如瓶。

"这会儿先别，等期末再说吧。"

入读师院才几周，伊莎贝尔不光交到一帮朋友，而且还有了男友。读书期间，虽然间或也有其他男人，这个却比较"固定"。我一开始就怕她行为放浪，她还真就那么做了。她很"野"，但那野劲儿也只是就我夸张的拘谨而言。她爱上了旱冰，且滑到了专业水准，每晚都泡在旱冰场上，而我只能眼看自己对她未来的期望化为泡影，她的"学业"就此荒废。她为什么就不做功课？为什么不珍惜机会，多读书多学习？这困惑我很少跟她讲，因为我知道，那是我自己的期望，且我记得，当初对默特尔我亦是如此。

然而，每天夜里，将被子扯向各自那边时，我在那一扯中，感到心里多了一分恶念，这说明，对伊莎贝尔我有多失望。

有伊莎贝尔在花园露台四号，生活便有了"插曲"。譬如，我们会"偷尝巧克力"。有一次，我偷眼瞧了瞧前屋那间终日帘幕低垂的小客厅，发现在照片墙相框的下方，靠墙摆了一溜儿大大的巧克力盒子，绑着缎带，印着英国和苏格兰高地风光，还有招人喜欢的动物照片。有天伊瑟姑姑不在家，我便跟伊莎贝尔说起巧克力盒子，她说："我们去那小客厅探探看。"

一进门，侧手边立着个高高的柜子，有很多抽屉，里面满是衣物和照片。在最下面的抽屉里，我们找到一个纸包，里面是手织的白色婴儿装，此外还发现了婴儿毯和尿片。我们听说过，波莉和伊瑟姑姑的孩子要么刚落地便夭折，要么只活了几天，最多几周，我们家也有个男孩儿是死胎。从小我们就觉得，波莉和伊瑟姑姑对我们的感情中有种饥渴，伊瑟姑姑对默特尔颇感兴趣，而波莉姑姑则巴不得要"收养"小鸡，也就是琼。我们急忙合上那抽屉，将注意力转到巧克力盒子上，发现玻璃纸封口似乎并未撕烂。

我们齐道："不可能吧，这么多年都没动过？"我们知道，这些巧克力是她参加高地舞比赛赢得的奖品。

伊莎贝尔怂恿道："打开瞧瞧。"

"哦别，这可不行。"

"就打开一个试试嘛。"

我跟她一样，巴不得打开盒子一探究竟，可我又是姐姐，有自己的责任。怎么办？我想到一个好办法，可以玩些语言花样，来遮掩道德问题。

"好吧，我们就试一下。""试"与"吃"毕竟不是一回事儿。盒子里真有巧克力的话，"试"就不等于"吃"了。

我们从照片墙相框下方取下个盒子，小心翼翼地解开丝带，将玻璃纸滑到一边，再揭开盒盖儿往里瞧，只见一排排巧克力，整齐地躺在棕色皱纹纸托内。

我们坐到沙发上开始品尝。

"真好吃，一点儿霉味儿都没有。"

我们嘴不停地吃，一整盒吃了个光，然后把小纸托胡乱丢进盒子，盖上盖儿，放上玻璃纸，缎带在前面重新打结，再爬上凳子，将盒子放归原处。

住花园露台的日子里，照片墙相框下所有盒子的巧克力，给我们一点点吃光了，空空的盒子均放回原位。每次潜入昏暗的小客厅，都会想起那些崭新的婴儿服，却再也没打开抽屉瞧过。大快朵颐的当口，我们对伊瑟姑姑及其生活浮想联翩；我跟伊莎贝尔讲卧床不起的乔治姑父，还有那些羊毛脂。胡乱将空纸托丢进盒子时，我们对自己的所为感到不齿，居然就那么吃啊吃，把伊瑟姑姑视若珍宝的纪念品吃了个精光。小纸托边沿的褶子，状如海滩上小贝壳的褶痕，只是后者边缘处业已磨损。撬开小贝壳，便会看到一小坨死肉，上嵌一只黑黑的死眼。

第二学期末，伊莎贝尔终于憋不住了，那封早就想写的信终于寄回家，跟爸妈告状说，伊瑟姑姑先是饿了我一年，而那年冬天，我们二人饥肠辘辘，浑身冰凉地缩在针尖大的小屋里挤一张床。一收到那封信，妈妈便迅速做出反应，写信给了伊瑟姑姑，而姑姑也很快写信给她哥哥，也就是我爸爸，说"洛蒂一向不会处理事情"。妈妈义愤填膺，回信质问，而姑姑则反唇相讥，说本以为伊莎贝尔和我是"可爱的姑娘"，其实大错特错。我们把她的巧克力吃得精光，那可是她的纪念品！显然，她偶尔去过小客厅，发现地毯上有一个不小心落下的巧克力纸托。

双方以书信打上了交手仗。乔治姑父的妹妹们找到了诋毁"糟糕的弗雷姆家"的好材料，说这家孩子向来无法无天，在奥马鲁的山上到处撒野，弗雷姆家就像个猪圈，妈妈根本不懂过日子。两封信后，妈妈不肯再写，觉得很"跌份儿"，于是，这事儿就由爸爸接手，继续跟伊瑟姑姑对攻；此时，爸爸在信中提到妈妈，已经改用她的大名"洛蒂"。

结果是，我跟伊莎贝尔搬离花园露台四号。我感到羞愧而尴尬，觉得在别人眼中，自己不再是个"可爱温顺的女孩儿"，这让我有些失落。伊莎贝尔则觉得大获全胜：我们捍卫了自己的"权利"。她兴高采烈地搬进一栋膳宿公寓，和朋友们厮混一处。那家房东太太很出名，多年里深受学生爱戴。我别无选择，只好住进名为"斯图亚特"的学生公寓，租了间"小隔间"，打算先把这年混过去。这是一间大屋里隔出来的狭小空间，床与床间以六英尺高的纤维板隔开，清静与隐私属于奢望，学习、阅读、写作均受影响，连觉都睡不踏实。

伊莎贝尔刚到达尼丁几周，我便生出种预感，她会疏远我。一想到会失去她，我禁不住心下难过，毕竟她曾是我心目中的艾米莉：

> 我没有怯懦的灵魂，
>
> 在风暴肆虐处绝不战栗。[1]

我觉得，那些溜旱冰的夜晚，让我们最终分道扬镳。她在冰场上旋转，旋转，似乎是甩脱一条束缚躯体的绳索。她去游泳，一游就是几个钟头，回到花园露台时，金发给水里的氯染上一抹绿色。她拉开房间门时，我总是看到，那张刚刚游过水的女生面孔后，有一张孩子的脸；那天她刚从泳池回家，也就在那天，默特尔溺水身亡。

搬离花园露台后，我们几乎断绝往来。偶尔在师院碰见，也只是尴尬地打声招呼。有家信时，我们会碰个头，聊聊家里的坏消息：我家一直租住在伊甸园街五十六号，它见证了我们的成长，而如今它给卖掉了，新业主就要结婚，已经通知我家年底前搬走。

没过多久，院长派人叫我去见她。我一头雾水地跑过去，她张口便道："我想跟你说说伊莎贝尔的事儿。"

她说，无论行为还是穿着，伊莎贝尔都越来越像男人，尤其还穿条印着长颈鹿的裙子。

"穿条印着长颈鹿的裙子，这太离谱了！"院长说。

. . . .

1 英国女作家艾米莉·勃朗特的诗句。

我低声为伊莎贝尔辩白了几句。她的服饰新鲜有趣，颇为别致，从未惊到我们。我知道，弗雷姆家的姑娘喜欢花工夫自己缝衣裳，钉上螺纹丝带，对齐褶边，比对袖管与肩部结合处那个别扭的凹处，以保证袖子不上错。由此可见，伊莎贝尔将长颈鹿图案嵌进去，实在是缝纫术的成功范例。问题是，别人的裙子上都没有长颈鹿，也就因为与众不同，她遭到非议。在我们的生活中，"别人"的力量随处可见。

"你是她姐姐，得替她负责。"院长说，"你得劝劝她，别那么，嗯，那么出格。"

身着普通印花裙和羊毛衫，我整个人端庄娴雅。我和院长聊起来，成年人跟成年人那样，说"她还太小，来师院读书太早了些"（为什么她就没受六年级的罪？），仿佛我知道伊莎贝尔这般行止的缘由。

随后，我心里一阵发慌，既感压抑，也感气愤，于是便喃喃道出"家里的状况"。我说家里有人生病，说着眼泪便夺眶而出。"而且，房东催着我们搬家，圣诞节前非得找个新地方。"

"这样啊，"院长说，"还是要看看能不能劝劝她。"

同院长的会面嘛，我对伊莎贝尔只字未提。居然纠缠于区区一个长颈鹿图案，简直岂有此理。多年后回头看时，此事既令人咋舌，亦荒唐可笑，但的确可以看出，我们要如何循规蹈矩才成。我也为哭鼻子而感到羞愧，虽然后来转而希望，此事会令我更配得上诗人头衔，诗人就该"家有病患；也许是酗酒？给赶出家门；这是诗人该有的遭际；何等悲惨的生活"。

数周后，院长再次"找我"，这次是祝贺我写了一篇精彩的儿童故事。她问我，可曾想过将来"从事"儿童文学创作。她说，看了我的作品，就知道此人很有潜力和想象力，而我则默不作声、洗耳恭听，心里鄙夷地想，我可是个诗人，除了诗歌，还有什么值得去写吗？临了儿院长又说："我们上次聊过后，似乎你妹妹有所改变；如今她乖很多，再也没见她穿那条长颈鹿裙子了。"我没跟她讲，那图案掉了，等有了"时间"，伊莎贝尔还想给缝回去。我知道，她时间全花在男友身上，此人名叫斯蒂夫，一头金发，高大英俊。他有个朋友叫默里，同样高大英俊，满头黑发，却很是腼腆。有一次我们四人碰头，商量给我家"找房子"的事儿。伊莎贝尔劝我"把功课撂下"，随她和斯蒂夫去跳舞，默里可以做我的舞伴。我不假思索就答应了。那是个我从未经历过的夜晚，有默里相陪，我心中有种隐隐的兴奋。与我跳舞时，他沉默寡言；跳完后他就站在我身旁，看别人跳，自顾自滑动步子，间或轻跳几下，演绎他私人版的吉格舞，嘴里低唱道：

　　　　怀念周六的那支舞，
　　　　我们竟舞到了门边，
　　　　没有你我无法忍受，
　　　　再也跳不出那感觉。

然后，他用南岛人特有的拖腔，一遍遍重复合唱部分，"再也跳不出，再也跳不出，再也跳不出那感觉"。他在身边，令我有种异样的感觉，心下很是喜欢，可我们俩都很腼腆。彼此对望一眼，他的脸透出柔和的红晕，而我知道，我一定是羞红了脸。

有了院长对我作品的褒赏，我便信心大增，想在年底参加师院诗歌竞赛，让她和其他人瞧瞧，我真的是个诗人。同时，我要做的事情多着呢，觉得，同时也担心，能给我心灵平静的，唯有大学的英文课堂。在那里，我能沉浸在莎士比亚和古英语中；此外还有达尼丁公共图书馆，在那儿我阅读现代诗歌以及詹姆斯·弗雷泽、荣格和弗洛伊德的作品。我的《城市的成长》报告还未动笔。一方面，这个题目很耐挖掘，令我兴奋；另一方面，想到也许得记录下无聊的地理、历史细节，又令我心生拒斥。我一门心思培养自己所谓的"诗性精神"，于是对眼中一切"无聊的细节"，都失去了耐心，究其原因，要么在我理想的诗歌世界里，它们毫无价值，要么它们提醒我，我并没自己希望的那样聪慧。我渐渐意识到，自己的头脑有着种种局限，但却不愿接受这个事实。刊载于《批评家》上的那种诗我甚至写不来。还把自己想象成诗人，我当自己是谁？

面对《城市的成长》报告，我自觉是可悲的失败者。唯一可以一搏的，是径直以自己的风格写作，并配以插图，就好比在普通文笔织就的衣物上，添加自己的长颈鹿。结果是，这篇长文写成了地理、历史加社会版的《海浪》[1]，因为缺乏绘画天赋，只好配上从杂志里剪下的怪异插画。后来得知，对我所作《城市的成长》的评

. . . .

1 弗吉尼亚·伍尔夫的小说。

价，与对伊莎贝尔服装的评价几近相似；不过也听说有人认为，或许我有“不为人知的潜力”。

在师院的最后一年，有两件最开心的事。一是高登·托维老师的艺术课激发了我的灵感，让我发现了艺术天地；二是所有人，即便嗓音不动听，都参加了学院的合唱表演。我们一起唱《沙洛特夫人》《在亚速尔群岛的弗洛雷斯》（这是理查德·格伦维尔所作的民谣）以及贝多芬第九交响乐中的《欢乐颂》。指挥是乔治·维尔金森，大家都叫他维基。记得我们一遍遍排练，最后登台表演，那隆重的场面令我泪水盈眶。周围歌声飞扬，身心达至高层的感觉油然而生，我绝不忍心任这喜悦消逝。时至今日，达尼丁市政厅的那个夜晚，令我记忆犹新：规模庞大的合唱团，座无虚席的演艺厅，身边从未梦想登台演唱的人，包括我，在纵情歌唱：

> 空中传来柔和甜蜜的铃响，
> 发出和谐的喜悦之声。

我无法忘却那幸福感；与任何伟大艺术品相亲近，都会获得这样的犒赏，仿佛世间凡人突获启示，拥有了天使的视角。

近年底时，我将诗作投给《师院杂志》，以一首《猫》获得竞赛头奖与十先令奖金：

> 哐哐响的窗户与
> 白痴男孩儿的喵声，
> 我都听而不闻，

撒下撕碎的老鼠，任其

流过他空洞的双眼，

自己则倚着肥厚的想法而坐。

可那敲窗男孩儿的意志

破耳而入，似一只蜷曲的猫

在我脑中匍匐而行，发出咕噜声，

在那里酣睡，将我从屋中延伸出去，

够到遍布爪痕的云彩和月；

而风就像撕碎的老鼠，

流过我空洞的双眼。

另一首叫《隧道海滩[1]》的也得以刊行：

海鸥灌木，这海鸥常年的居所，

扎根大海，深深掘入绿色的痛苦，

引来恳求，足以用哭泣充塞悬崖失聪的耳朵，

或者，用泪水无休止地塞满世界的眼睛。

而在隧道里，与疼痛分离，海鸥灌木

用白色的芯或花朵扼住我们摸索的喉咙，

不承认根扎在绿色断头台

和海女憋住不出声的哭泣中。

只有在漏光之处，在那里，石头人

用石板压盖海滩上的呼叫，召唤地牢

. . . .

1 Tunnel Beach 在新西兰达尼丁附近，因一条通往海滩的有七十二级台阶的
隧道而出名。

充当他们心的屋宇，

如同屠夫的便宜货，秘密的斯巴达男孩，

在那里，石头头脑，那疯狂的头脑崩溃，

扎根于海，在一处灌木丛中的白鸟

无限而孤独。

抄录这两首诗，是因为它们属于那个时代，反映出乔治·巴克尔[1]与狄兰·托马斯对我的影响，从中可以看出，我在力图接受自己、对自己负责，因为我是完整的存在，无须为维护而掩盖内心梦想，也无须为欺骗而扮演教师角色：微笑着，做出开心的样子，"可爱的姑娘，很懂事"。

有些记忆业已被冲淡了，多半因为随之而来的或者不期而至的风暴而失去了色彩与形状。我知道家人正心急火燎地寻找住处。家里爸爸管钱，他参股了一家新成立的建筑社，希望每月能通过抽签而获得一笔贷款；妈妈从没有自己的钱，只能贡献自己的信仰，"没等你发问，上帝便知道你需要什么"。于是奇迹发生了，随后的一次抽签带来一笔三百镑的贷款，恰够买下奥马鲁郊区一栋摇摇欲坠、老鼠肆虐的旧村舍，占地三英亩半，比公园和汽车营地还要偏远。搬家与找房必定令我心神大乱，如今却丝毫回想不起。年末放假时，我同布莱德利一家以及罗娜·平德去了斯图亚特岛，住进海滩上的小

....

1　乔治·格兰维尔·巴克尔（George Granville Barker, 1913—1991）：英国诗人，新世界末日运动（New Apocalyptics Movement）的代表人物，该运动以神话和超现实主义为主题对 20 世纪 30 年代的现实主义做出了反应。

屋。对那段时光的记忆亦很有限，只记得几张快照上，我们身着自制日光服在沙滩上纵跳，两个年轻男人在火上烹煮食物，小屋里我躺在床上，被单扯到脖子底下，旁边一个年轻男人正刷洗前一晚的盘子，那晚我们开过"啤酒派对"，当时，这种派对是完全成年的标志。

我返回奥马鲁，发现家人已经搬离伊甸园街五十六号，住进那栋旧村舍，那地方叫作柳谷。

六　柳　谷

柳谷曾属于一个个破碎的家庭，提到他们，人们很少具体提到哪个人，只说"D家"或"X家"。在学校，这些人家的孩子总打赤脚，穿得破破烂烂，时不时生病，长大后祸害社会，为人唾弃。大萧条时期，他们是真正的赤贫者，靠猪牛骨头和长斑的水果苟延残喘，从"救济仓库"的白糖麻袋中寻些旧衣服穿。人若是给逼得要上那间仓库，就算是倒霉到家了；人家会说你蠢，跟你打交道纯属浪费时间，你什么都学不会，只会毒害别人。"仓库"（depôt）一词曾令我着迷，o上面的那只小帽子，宛如学生受罚时戴的纸帽；后来才知道那叫音调符号，代表一个失落的s；失落的字母在我的想象中，就如词汇原野上的沟壑。M家搬去外地后，那栋房子一直空置。本世纪初，在这三英亩土地上，有位园艺师栽下些英国树种：五棵橡树，几个品种的松树，包括一种枝条下垂的巨大北方松，我们叫作"鬼树"的那种，还有紫杉和柏树。此外，还建了一个果园，种上苹果、樱桃、榅桲和李子等果木。屋后有棵高大的梨树，枝叶笼盖屋顶。一条小溪穿过这块土地，春天时，溪畔野草如蒲公英、龙须菜、番红花等繁花似锦。建筑协会给予我们路权，于是便建了私人车道，路两旁是松树育苗场。柳谷三面都是马塔格力丛生的围场与沼泽，另一面有条铁路，自奥马鲁向南延伸而去。

我记得，房子背后靠山建有一栋披屋，里面一地去岁的梨树枯叶，狼藉凌乱。我走进去，满心孤寂无措。只见厨房地面部分暴露出土层，因为先前的木地板大多朽烂坍毁。厨房里有煤火灶，与之相连的洗涤室内有只老旧的电炉。户外锈迹斑斑的水箱伸出水管，穿透洗涤室墙壁，接在水龙头上。出乎意料的是，洗涤室再往里，居然有间小浴室，配有浴缸和洗手池，但没有热水，甚至连水都没有，除非修好水箱，或者铺设管道，接上城里的自来水。这栋房子共有四间房间，外加厨房、洗涤室和浴室各一间，其中两间房间安有背靠背的壁炉，却早已荒废，里面堆满了烟囱落下的碎屑。每间屋内都有一堆蛀虫制造的金色尘屑，且不断加高，因为踏在朽烂地板上的每一步，都令密布蛀虫的天花板一阵颤抖。

屋外，喜鹊群盘踞的高大果柏一侧，是一间朽坏的洗衣房，一角放了只大铜锅，衣服在木制洗衣槽中洗好后，会放进铜锅用开水烫。从披屋出来，沿小径前行，走到那株"柏木"旁，便可见到厕所了；没过多久，我们便叫那株树做"那棵柏树"。厕所旁长满白色小玫瑰，气味芬芳，我们称其为"茅厕玫瑰"。厕所没有门，坐便器如同海滩厕所里的，又宽又长，安放在一个深洞之上，洞内经年累月的kiki（意思就是"粪便"）堆得半满，呈现深深浅浅的褐黄色，上面乱扔着发黄的报纸片，有《奥马鲁邮报》和《奥塔戈时代日报》。

家人跟我说，伊莎贝尔和琼花了大工夫，将整栋房子刮洗了一遍，此外，还帮着将部分家具搬上那条陡峭的小道，但多数家具只得留在"平地上"，一些放入两个马厩中的一个，另一些塞进几处农家棚屋内。布鲁迪和父亲暂时忘记了嫌隙，一起忙活着规划供水，建造化粪池，修葺屋顶。母亲平生头一次用上电炉，乐得合不拢嘴，忙不迭地制作各种食品，有小圆面包、司康饼、岩皮饼、炸鱼肉丸。她第一次用电熨斗熨了父亲的衬衫和手帕，伤感地叹道："孩子们小时候有这东西该多好！"电熨斗也让我们几个姑娘很兴奋，要知道，这么多年，旧熨斗总是放在火炉上烤热的，有时底上沾的黑灰忘了擦，烫校服与罩衫时，会留下黑色印记，怎么都擦不掉；如今好了，连褶边和褶子都能瞬间搞定。

虽然这栋房屋摇摇欲坠，但我们总算到家了，应该说，他们总算有家了，因为我错过了搬家，赶到时，一切都已结束，就好像闻听噩讯赶到家人身边时，人已死了，伤悼与葬礼都已过去。爸爸已经上班，每日驾驶火车缓缓绕过公园，爬上陡坡，驶向莫赫诺。每次出车，他都会将"多余"的煤抛下车来，而我们则学会了拿上麻袋，钻过金合欢树一侧的铁丝网，穿过茂密的野生香豌豆丛，去搜捡宝贵的铁道专用煤：不是出自凯坦加塔的"亮"煤，便是"暗"煤，也即产于南岛的褐煤。我们在老工具房里发现了一部锈迹斑斑的研磨机，大约为了给它派上用场，磨碎牡蛎壳喂鸡，于是，我们匆匆修葺好鸡舍，买来十二只白色来亨鸡。山脚下堆放苹果的棚屋边，是一间破败无顶、静待主人的牛圈，里面的挤奶桶业已破烂。

面对光秃秃的泥土地面，面对"无可救药"的屋内惨景，我深感压抑孤单，感到绝不会将柳谷这栋房子当作家。这栋房子太过逼仄，人与人靠得太近；前面卧室能听到厨房的收音机，仿佛你就在厨房里。也能听到争吵声，听到抬高的嗓音以及弱弱的恳请，你知道那是妈妈在讲："你俩别那么大声好吗？"我们兄妹几人正处于自守"内心"的年龄，绝不互诉心事，虽然依旧欢快地谈论梦想，任何事情我们都能看出其中的"滑稽"，从而爆发出欢笑。还别说，那年夏天，我们把伊甸园街五十六号的新主人虚构成一个"坏人"，杜撰他的故事，安排他的命运，将他添加进心中的恶棍名单：洛小姐，健康检查员，不回我们求援信的议员（我们请他资助购买衣物）。在我们语言之网的裹缠下，这些人都变得衰弱无力。

我们给予柳谷的爱，伊甸园街五十六号怎可相比。然而，后者的每片叶子、每棵植物、每只昆虫，甚至土壤、建筑、树木的排列格局，都曾以高贵的气质涵养我们。柳谷是第一个属于我们的家。当然，借建筑社的钱要还，内有盖戳收据的思达-宝客特建筑社小册子就摆在新壁炉上最显著的位置，旁边放着爸爸的零钱罐，一个顶端有细长开口的可可罐。但凡有六便士硬币，爸爸便丢进去，直到罐子满了，他便将工时表裁成长条，把六便士硬币码成长长的一溜，再仔细包好，拿到城里换成"实实在在的票子"。

　　那年夏天，我们的梦想何其丰富多彩！倘若冬天搬家来柳谷，大概不会做那些梦了，可那是夏天啊，圣诞刚过去，那期间，我们拥有了自己的冬青树，而且平生头一遭，用松枝替代了果柏；壁炉用不了又有何妨？果园花事烂漫，长草中，蒲公英枯萎的花头隐约可见，树木繁多如许，青草茵茵如斯，小溪里点缀着睡莲，紫水鸡、鸭子、鳗鱼畅游其中，夏日的晴空总那般明朗，"山下平地上"的松树苗圃中，风起时，松吟之声鸣响于耳际。这一切如此美好，我们爱上了柳谷的"周遭"。那些金色的夏日绿意盎然，令人心旷神怡；其间我发现，小溪旁某处横陈一段旧圆木，颇似多年前那段旧桦木。我坐于其上，一连数小时观看流水、鸭子、紫水鸡；围场铁丝网破损处，羊儿探头进去啃食青草；围场里一半是沼泽，另一半长满马塔格力。噢，我的马塔格力！每条进镇子的路，我和两个妹妹都摸了一遍，还不止，还有更远的路，比如老磨坊街，我们童年及少女时代吟唱的民谣里，常有它的身影；那时，"远远离开，住到比老磨坊还远的地方"意味着住在镇子那头比"男子高中还远"的地方；和男孩子"绕过老磨坊"意味着，怎么说呢，你觉得意味着什么，就意味着什么。

　　一月末，草叶首现秋露时，我们到自家松园旁采蘑菇，然后上山继续搜寻。站在山上，目光穿过桉树林，可以瞥见罗伯逊农庄，镇上的牛奶都是他家供应的。他家出了个拿奖学金的大学生，名叫诺尔曼。我跟他聊过一两句。我记得，自己曾满怀渴望，幻想着与他坠入爱河，结婚成家。

在家，爸爸也有自己的专属位置。他坐在桌子靠火炉的那头，以便透过小窗，看到小路上是否走来访客，而且靠窗光线好，方便读书。厨房门里靠墙的沙发是布鲁迪的专座，上方挂着打兔子的来复枪。家里气氛一紧张，他便摘下枪擦拭，缓慢且刻意，妈妈会不安地瞧着他，爸爸则恼怒地紧抿嘴唇，抚平桌上的工时表，或者伸手拿过可可罐数硬币。有时他也会问："孩子他妈，我的'巧可'（chalk）搁哪儿了？"

爸爸有胃痛的老毛病，他怀疑自己得了癌，不肯看医生。也不知是波莉还是伊瑟姑姑跟他推荐了一种喝的药，就叫"巧可"。

妈妈会找来"巧可"，倒够剂量递给他。

这次危机就此过去，直到下一次来临。

同我们一样，妈妈在柳谷也有自己的梦想。如今，我们觉得自己长大了，想想这么多年，她始终扮演着仆人的角色，便心有不忍，所以主动帮她分担家务，多少希望借此抹去不快的记忆。她困在劳作的囚笼里，向外张望自己的梦想之地，它就在眼前，那般真切，却似乎与囚困中的她相隔离。她梦想着有天能光顾"山下的平地"，"在清凉的傍晚"，一边坐在松树下，或许拿出餐食，一边倾听林中风声。我们发现，在柳谷，阳光的分配别有特色。在伊甸园街五十六号，土地完全暴露在阳光与天空下；而柳谷的房子背靠西山，面向东山，北面一线是山楂树篱、山楂树和柳树，因此，晨光只短暂光顾，即便是夏天，整栋房子也甚为清凉。但从这阴凉且常常阴冷的世界望出去，山下平地小溪旁以及再远的地方，阳光很晚依旧照耀着，夏天时会到七八点钟。你会觉得，也许妈妈望出去时，看到日已将尽，感觉身体疲累，"山下的平地"虽阳光灿烂，却难以企及。

每次央求妈妈随我下山享受阳光，她总是说"等等再说吧"，那口吻，就像过去谈论她想出版的那本诗集和基督重临，就像如今谈论我二十一岁的生日礼物，那领白色狐裘。

她又补充道："等等再说吧，哪天'在清凉的傍晚'，下去坐到松树下，享受落日的阳光。"这句话加入了圣经语言，使那"平地"更显遥远，更为梦幻。

一月份传来消息，我被分配到达尼丁亚瑟街学校，教授二年级。我原就申请带这个年纪的班，因为了解过，这么大的孩子尚处于"潜伏期"，按说可塑性强，富有责任感，无忧无虑，即便"有心事"，也是隐而不显，甚至不自知。哼哼，我们还真以为，对这些神秘的"孩子"，自己如何了如指掌！

在《奥塔戈时代日报》上，我登了一则启事，说"文静的学生求亚瑟街学校附近膳食寄宿家庭"。有位住毛利山特拉福斯街的 T 太太联系了我，愿意提供"全膳宿"。于是，我和伊莎贝尔再次搭乘熟悉的慢车南下，返回达尼丁。伊莎贝尔去读师院二年级，住联盟街 R 太太那儿，我们离开伊瑟姑姑家后，她就一直住那里；我则搬入毛利街 T 太太的家，开始了在亚瑟街学校为期一年的见习教师生涯。

七　1945年（一）

小时候，我们拿自己的身份与身处的地方做实验，从姓名出发，反复用笔书写，譬如姓名、街道、镇名——奥马鲁、北奥塔戈、奥塔戈、南岛、新西兰、南半球、世界、宇宙，最后将行星与恒星裹挟进来。这是不费力气的漫长旅程，纯用词语，或者说，纯用对存在的预言。我们是抒情诗人，某种力量促使我们幻想，说不定我们能写出史诗呢。因此想当然地，能写史诗的想法就变得习以为常。提起这件事，是因为1945年，这年的开端对我而言是首私人抒情诗，而它却结束于偶然中：国内国际的大事件，让它像一首拥抱宇宙星辰的史诗，不过不是用词语，而是用行动创作而成。

我回到达尼丁，归来的是一个成长中的自己。这年八月底，我将迎来二十一岁生日。众所周知，成长是一场流动的仪式，"二十一岁"是这仪式的一部分，代表着"成年"，成为正式公民，拥有选举权，可以立遗嘱，或者如歌中所唱：

今天我二十一，

有了家门的钥匙，

我从未经历过二十一，

今天我二十一。

这年年底，在亚瑟街学校见习期满后，我希望能顺利获得教师资格证。我还希望，为了能获得文学学士学位，再去选一门课。选英语（三）我觉着会太随自己的性子，于是决定选哲学（一），它是心理学方向的一门基础课。

我盼望成为诗人，《师院杂志》发表了我两首诗（"这下他们该知道了吧？我是位真正的诗人"），愈发点燃了我的渴望。这渴望很大程度上左右了我的规划。类似于中学时代，我迫不及待地希冀以想象力惊艳众人，只不过比起当年，如今环境中的人多出许多，每人的想象力也丰沛许多，写小说写诗的随处可见。之所以这样说，是因为我开始试着拿取《批评家》杂志，装作若无其事地徘徊在大学校门附近，那里有装着《批评家》杂志的"桶"，上面诱人地写着"请取阅"。每次投稿都要去杂志办公室，交上诗作或小说。现在想想真搞不明白，当时为什么不去邮寄。想来是我这人太无知，生活中的事儿大多一窍不通，包括如何寄信。普通人每日要应对多少繁杂事务，对此我依旧茫然懵懂。依据家庭生活经验，我以为信是写给其他城镇的亲友的，告知生死婚嫁，告知从前或将来的旅行；电报则更为迅捷，多用来通知死讯或列车到达时间，不是有人"路过"，就是有人来访；包裹则意味着圣诞节。成人生活最基本的我都尚未入门。没错，我体验过喜悦，也体验过失去的那一刻领悟到的爱，我也曾经接受过死亡的事实。我觉着，人们的真实情感，无论是掩藏于面具下，还是深埋在眼底，无论在做作的或瞬间流露的表情里，还是在其言辞用语中，都逃不过我的眼睛。这场战争依旧令我忧心忡忡、困惑无措；"战争的悲悯，为战争所浓缩的悲悯"[1]，正是诗人为我照亮了那些他人似乎不愿谈论或光顾的所在。我常常心怀希冀地想到那则预言："国家间不该刀兵相见，亦不该再图兵事。"[2]

我寄宿在 T 太太家。她独自寡居，有一独女名唤凯瑟琳，已经出嫁，住在怀卡利那片新建的政府住宅区。T 太太大半天都泡在女儿家，早饭后说一句"我去凯瑟琳那儿了"，便出门搭公交车前往。她回家时，我也差不多下班回来。T 太太只聊"凯瑟琳、鲍勃和孩子们"，他们干些啥，他们感觉怎样，满脑子想的都是该给他们带什么礼物。"我在阿瑟·巴尼茨瞧见样东西，就对自己说：'买给凯瑟琳的老么最合适不过了。这东西凯瑟琳找遍了都没找到呢。'"鲍勃在电气部工作，就在王子大街那儿的展示室，他买暖气可以打折。

为了面子上过得去，有时我便不找借口，说"得赶功课，还有作业要改，课也要备"，赶紧端饭回房间，而是同她一起吃。我坐在她对面，饶有兴趣地倾听她描述"在凯瑟琳家"的一天，她们如何一起洗衣，一起收拾打扫房间，凯瑟琳和鲍勃如何盼着有一天能将每个房间都铺上地毯，"从一头铺到另一头"。"有好几个房间都已经铺好了呢。"我这个"文静羞涩、不惹事、从不惹事的老师"，闲暇时大多待在房间里，改作业、备课，剪各种色彩的纸星星奖励给努力的学生，啃读心理学教科书，

. . . .

1　英国一战时著名诗人威尔弗雷德·欧文的诗句。
2　此话出自《圣经》。

读诗写诗。

　　T太太的房子跟杰西·C在奥马鲁的房子一样，都是"他人"生活的地方，铺着地毯，贴着印有玫瑰花的墙纸，满屋家具和饰物，蒙了软垫的沙发无丝毫破损；整栋房子的家具不露一丝填塞物的痕迹，地板的木色丝毫不露，墙纸后也看不到粗布的端倪。舒适归舒适，却给人遮遮掩掩的感觉。从小到大，在所居住的房子里，我们知道，而且很多时候都能看到，墙体里发生着什么，地板下有着什么，因此，身处"他人"的房子，我从未感到过自在。即便是在柳谷，虽然没有地板，脚下就是土地，惨归惨，却也叫人心里踏实（踏实到了不真实的地步），让人觉得这是生活的一部分，比T太太房子里包装起来的秘密更像生活。

　　我喜欢学生娃，也喜欢教书。该如何鼓励每个孩子成长，我满脑子都是主意。我陶醉于孩子们的艺术品和诗歌，他们几乎每天都写诗写故事，我将这些和图画钉在墙上，供大家欣赏。我还努力去教授其他科目。作为教师中的一员，我是失败的。与同事们相处时，我胆小羞怯，特别是面对那些受邀对我教学工作提出评价的人时，我尤为紧张畏缩。于是，闲暇时间里我总是一人独处。上午茶和下午茶时，满屋子都是老师，我畏畏缩缩不敢进去，便借口说"教室里还有事儿要忙"，心里也明白，我这是在违背师院的教导。院方一再强调，要"融入成年人群体，参加社会活动，与其他教师及学生家长沟通交流"，而且，"教师休息室里的上午茶"实乃近乎神圣的仪式。我害怕校长或监察员"检查"，于是急中生智，想出一个推延最终裁决的法子。我编了个系列故事，一听到走廊上领导脚步声将近，便可随口编下去，这样的话，领导看到学生全神贯注坐在我课堂里听故事（故事内容很吸引人），也许足以"证明"我的教学能力，年末时也就能"通过"我的 C 级证书。

教学生活唯一的慰藉是心理学课和心理学实验室。在实验室，我们做了很多有趣的实验和测试。指导我们的是两个非常年轻的讲师，彼得·普林斯和约翰·福里斯特，我们称为普林斯先生和福里斯特先生。我给二人起了昵称，分别是 H. R. H. 和阿什（阿什利的昵称，《乱世佳人》中莱斯利·霍华德饰演的那个白皙的年轻人）。这两个男青年刚毕业，那会儿年轻男人又极为稀缺，所以某种意义上，二人成为公众关注的焦点，供学生们消费，一时间充斥着关于他们的传言、臆测和幻想。我更喜欢 H. R. H.，他与阿什不同，似乎很"内向"，根据言之凿凿的神奇分类法，"内向的人"往往是艺术家和诗人。我能想象他脸孔微扬向天，嘴里叼着烟斗，颀长的腿迈着富有弹性的步伐，沿着弗里德里克街阔步朝大学走去。他动不动就脸红，而且，与我崇拜的卡梅隆教授一样，言谈举止都带窘态，观之令人心生爱怜。阿什个头矮些，长相英俊，一头金发，有一缕垂于额前。H. R. H. 喜穿黑西装，阿什却身着铁锈色运动衣，脚穿番茄红袜子。有一天在实验室，他还真提到了那双袜子，说"我的番茄红袜子如何？"番茄一词发成了美国音。

有些个女生给阿什迷得神魂颠倒。

正是这位阿什，也就是福里斯特先生，定期组织人们去音乐系留声机室欣赏唱片。

"那么多唱片，却没什么人听。"他直言不讳道。因为"直言不讳"和奇装异服，他成了校园里的惹眼人物。

一天，我打算去欣赏唱片，于是来到留声机室门外，正准备鼓起勇气迈进去，恰听见有人奏响了钢琴。推门偷瞄了一眼，只见福里斯特先生正在弹奏。他立即罢手，准备起欣赏会要用的唱片。可他的演奏还是给我听到了，他就像一位钢琴演奏家，双手时而在琴键上来回飞舞，令人眼花缭乱，时而猛力敲下，气势逼人。他统率着音符朝某个方向席卷而去，而非简单地挑出一个个音符组成"曲调"，将每个音符孤立起来，令它们在整首乐曲中无足轻重。除了令人钟爱的舒伯特歌曲、迪士尼动画片《幻想曲》中的"曲调"，以及我们在师院新学的歌，比如老圣诞颂歌：

> 我觉得这孩子会成为
> 同我们一样的手艺人，
> 会拥有我那样的动产，
> 我的木板、刨子和钻，
> 以及我快乐敲响的锤……

以及：

> 小耶稣一动不动睡得香甜
> 我们给他盖上一条毛毯……

古典音乐我依旧知之甚少，亦从未听过交响乐、协奏曲等长篇作品。那天，福里斯特先生播放了柴可夫斯基的

《悲怆交响曲》。坐在寥寥几个学生中，我聆听着那些闻所未闻的声音，它将沉重而可怕的阴郁情绪向前拖拽，不停地拖拽，直到乐声来到那个熟悉的"曲调"：

> 这是一个星夜的故事，
> 星夜那业已褪色的荣光。

我方体会到似曾相识的喜悦。我一直听下去，曲终时，已经爱上了这部作品，爱上了它撕心裂肺的伤恸。就这样，柴可夫斯基成为除舒伯特外我最钟爱的作曲家。

"塞萨尔·弗兰克[1]你们该知道吧。"福里斯特先生说。

众人一副知道的模样。

"下次我们听塞萨尔·弗兰克的音乐。"福里斯特先生说。提到音乐家的名字，他那般从容，那般自信。

音乐室成了又一个令我感到自在的地方，在那里，我学会了倾听不短于三五分钟的乐曲。为何我从不知道，听交响乐就像读书，随它朝各个方向发展，目睹其特别的形态，体验其静默和喧嚣的地方？我学会了说"柔板，你喜欢那柔板吗？那段柔板……"我开始趁午餐时间跑到市政厅听钢琴独奏，虽然起初会误以为乐曲终结，在错误的地方鼓掌，但渐渐地，便弄懂了其中的门道。我像经常光顾音乐独奏和交响音乐会的人那样，张口就说："噢，闻闻那些皮草发出的樟脑球味儿！就在慢板中间，

· · · · · · · ·

1 César Franck（1822—1890）：法国作曲家、管风琴家、音乐教育家，晚期浪漫主义及法国民族乐派的杰出代表。

居然有那么多人咳嗽，而在那些他们觉得不妨轻咳一下或清清嗓子的地方，他们竟然不咳一声。"

一天，在音乐室，约翰·福里斯特突然说："说实话，我最喜欢的还是舒伯特。"这话让我大吃一惊，对他有了全新的认识。

舒伯特！致敬音乐。在悲伤的时刻有你这神圣的艺术。

尽管担心教学，对未来忧心忡忡，但总的来说，这一年过得还算开心。在校工作，在大学学习时，我极少想到家与家人，即便偶尔回家过周末，也尽量与那地方和那里的人拉开距离。为了庆祝我回家，家人们像是疲惫的鬼魂，尽量打点精神。父母依旧摆脱不了"操劳"命，沿着长长的小路爬上山，又平添了一份辛劳。爸爸背着自制的工作皮包，里面塞满铁路煤；妈妈呢，白天家里没其他人，就得自己背着自助店或星辰商店伙计送到山下棚屋的食品杂货上山。周末回家时，每次都会发现妈妈买了罐咖啡，那种叫作格雷格齐克瑞咖啡的黑色甜饮料，饮用后打嗝都散发出一股味儿，罐子外面给洒出的糖浆弄得黏腻。喝咖啡是长大成人的标志，所以我会喝。还有，大家一向叫我"简"，而一位大学讲师却叫我"珍妮特"，鉴于此，"珍妮特"正式成为我的大名。回家的周末，爸爸会借一堆塞克斯顿·布莱克系列图书给我读，我呢，则会飞速翻阅塞克斯顿·布莱克和廷克的探险故事，以便与爸爸好好交流一番。爸妈习以为常的关照既令我悲哀，也令我受用，更令我恼怒，心中升起一种深深的无助感：我又能为他们做什么？我能看到，他们以往生活的模式又慢慢浮现出来，宛如隐形墨水写就的剧本，而我的成长好似点燃了一团温暖的火，仅靠它，剧本上的字就会显现在眼前。我亦能看见那团火带来的启示，其投下的阴影隐现出来，其各异形态属于一种对我而言充满意义的语言，它同时表达着爱、失落、喜悦与折磨，盖因在家中我有着固定的位置，而逐渐觉醒的希冀却是迅速将自己连根拔起，不留下一丛神经末梢，以防藕断丝连，从而杜绝长回去的危险。

那年已过去一半。此时，我私人的抒情诗开始朝行星、恒星进发，安静却迅捷。我即将庆祝二十一岁生日，我的成年礼，而就在那月初，战争突然结束。整个少女时代，它一直阴魂不散，影响着身心发育；它几乎融入血液，其踪迹无处不在，甚至深入我的头发和（啃咬过且周围的皮撕扯过的）指甲。那年，春雪如期而至，冻死了新生的羊羔，但也保护了早发的番红花。战争结束了，人人兴高采烈。高兴就足够了，谁也不去关注或思考原子弹的诞生，而原子弹也被赋予了生命与责任。照亮我成年礼的，是那朵蘑菇云，其耀眼光亮所笼罩的一切都变为了暗影：那是死亡仪式，明亮而壮观，"尘归尘，土归土"。

8月28日我"成年了"，没有派对，但有家人赠送的特别礼物，表明我毕竟是这世界的一部分。我收到了一只腕表，一双新毛呢拖鞋，缀着小绒球，滚着羊毛边。

心中翻滚的情感就像一锅汤，直至暮年方能熬干。那个月，我轻轻舀过这汤的表面，写出了平生第一个短篇,《大学入学》,发表在《倾听者》上,稿费两几尼。

因为要面对学监关键的最终考察,接下来的小半年过得飞快。这一天无可避免地到来了。那日清晨阳光明媚,我像平时一样,沿着女王道去学校,路边蒲公英和黑加仑花盛开着,灌木叶闪闪发亮,整条街在明亮的柠檬色日光下散发着金色的温暖。我到达学校,发现这天便是学监视察日。十点左右,学监同校长来到我的教室。我拿出训练有素的教师范儿,和悦地道声问候,随即站到绘画展示墙边,等学监同全班讲话后落座,开始听我授课。我等了一会儿,然后跟学监说:"我能出去一下吗?"

"当然,弗雷姆小姐。"

我走出教室,走出学校,知道自己再不会回来。

八　1945年（二）

最初,自由的感觉令我陶醉,所有忧虑都烟消云散,我单纯地享受着上午耀眼的阳光。然而转眼间,我回到现实,便朝伦敦街走去。那是条遍布诊所的街道,我选了山脚下的一间走进去,挑了一位叫威廉·布朗的医生咨询,因为再找不到比这个名字更普通、更无害的了。我跟他讲,自己非常疲惫,得休息上几周。我说自己"今年刚开始教书",说着便哭了起来。

布朗医生很配合,给我开了病假条,好交给校长,说明我暂时缺席的原因。

我将病假条投进了街角的邮筒，然后便是三周纯粹的自由。我去大学上课，去听音乐演奏会，再就是读书和写作。我跟房东太太说，"我请了三周假"，她只关心自家人，没在乎我说什么，自顾自聊起鲍勃即将到来的年假，说凯瑟琳和孩子们满心盼着要去皇后镇玩。

我说："我有好多事情要做，用餐及其他时间大概很少能见到我，若是不回来吃晚饭，也会提早留个条子。"

T太太回道："太有心了。你这学生妹子文文静静的，真是我的福气。即便你在家，都让人察觉不到，你真是太安静了。"

（多么可爱的姑娘，一点儿不惹麻烦。）

三周眼瞅着就要结束，学校再次沉重地压向心头，逼得我意识到，自杀是唯一的出路。我一直小心翼翼，密密编织示人的表象：文文静静、不惹麻烦，总是面带微笑（以能遮住一口坏牙为度），总是很开心。即便是我自己，也无法扯断织就这番伪装的任何一根线。我感到彻骨的孤寂。无人听我倾诉，无人给我指引，而且无处可逃。世界如此之大，我该如何养活自己，同时又能做自己，做我心目中真正的自己？我明白，临时面具有其用途，人人都戴着一副，它们盛行于人类之中；但这面具不是固定死的，不该令人无法呼吸，最终窒息而亡。

周六晚上，我整理好房间，收拾好个人物品，吞下一整板阿司匹林，躺倒在床等死。我确定自己会死。我的绝望无以复加。

第二天近午时分，我悠悠醒转，耳中鸣叫，鼻子流血。第一个念头甚至都不算念头，而是一种感觉：我还活着，这真是奇迹，令我欢欣，令我心存感激。我跌跌撞撞爬下床，看见镜中的脸那般殷红。我开始呕吐，尽全力也无法遏制。鼻血渐渐收住，耳中的啸叫却不肯停歇。我爬回床上继续睡，晚上十点钟才又醒来，脑袋里还在跳，耳朵里还在叫。我冲进盥洗室，拧开水龙头，再次呕吐起来。T太太到凯瑟琳家过周末，才回来两小时，听见动静，便走到她卧室的门边。

"你还好吧？"她问道。

"哦，还好。"我提高声音道，"没事儿的，今天太忙太累了。"（不惹麻烦，一定不能惹麻烦。）

"凯瑟琳和鲍勃正收拾东西准备去度假呢！"T太太说；她没展开来讲，却显然很开心。"正忙着准备呢。"互道晚安后，我回房接着睡。

第二天就是那恐怖的周一，早上醒来时，头依旧有点儿痛。

我跟T太太讲："我有东西要研究，所以多请了几天假。"原本打算去死的，可这会儿还活着，真叫我大喜过望，学校那档子事也就算不上什么了。我记不清了，应该是先跟校长通了话，后来又写了信，说人家劝我放弃教书这一行。我没跟他讲，提此建议的不是别人，正是我自己。

我到学生餐厅洗盘子，试图满怀希望地面对未来。我觉得，自己再不会主动求死。

心理学课恰巧布置了作业，要写一篇短自传。快写完时我就琢磨，要不要提自杀的事儿。我已经过了那个坎儿，某种意义上，我还相当骄傲，因为此时的我无法理解，当时的我何以那般决绝。自传末尾处我写道："也许我该提最近试图自杀的事儿……"我描述了自己的所作所为，不过，为了让此事更显惊人，用了阿司匹林的化学名，乙酰水杨酸。

那周下课时，约翰·福里斯特对我说："我挺喜欢你的自传的。其他人都写得正儿八经、煞有其事的，而你的却纯是自然流露。你很有写作天赋啊。"

我心里笑了，洋溢着优越感。写作天赋，这是真的！我要以写作为业！

"哦，我有写作啊。"我说，"已经在《倾听者》上发了一篇小说呢。"

他给震到了。听说过的人都曾给震到，说："《倾听者》好难发的。"

约翰·福里斯特紧盯着我说："吞下那么多阿司匹林，肯定不容易吧？"

我若无其事地答道："哦，是喝水送下去的。"

那天晚上准备就寝时有人敲门，T太太开了门，然后冲我叫道："有三个人要见你，是大学来的。"

我来到门口，看到是福里斯特先生、普林斯先生和系主任三人，后者先开了口。

"福里斯特先生说你不太舒服。我们觉得你该休息一阵儿。"

"我挺好的，谢谢了。"（不惹麻烦，一定不能惹麻烦。）

"我们觉得你该跟我们去医院，达尼丁医院，住上几天，休养休养。"

突然间，我感到摆脱了一切烦恼，得到了关爱。有什么比这更好的：躺在温暖的床上，受到庇护，不用考虑教书，不用费力挣钱，甚至可以远离 T 太太和她舒适的家，远离我自己的家，不必为家人烦忧，远离日益加深的孤绝感，因为我不属于这美好明亮的世界中阳光而美好的人群，远离战争和二十一岁面对的责任。唯一无法远离的，是我一口朽坏的牙齿。

"约翰会去看你的。"系主任说。

约翰！年轻讲师与学生常各自直呼其名，但这在我却是头一遭，让我感到愉快，同时也隐隐觉得不安。我一本正经地说："您真好，福里斯特先生！"

就这样，我住进了达尼丁医院克尔库恩病区，不久后便震惊地发现，这里是精神科病房。两位年轻的住院外科医生马普尔思和伍德豪斯为人友好，就是问题很多。梅特兰德护士姓布朗，是福音派联盟成员，正在接受传教士训练，跟我谈了很多她的梦想和希望。其他病友我仅记得一人，是我的邻床，一个古怪的女人，她做了个手术，却死活不肯承认。从小到大，我生活在一个崇拜电影明星的世界里，习惯了以貌取人，这女人红脸膛，粗皮肤，小眼睛，姜黄眉，稀疏的头发也呈姜黄色，丑得叫我恶心。整个病区的人都讨厌她。如今，我常思考人们当时对精神病患者及其他病人的态度，仿佛他们会主动释放出一种化学物质，招来人们的白眼，因此就不得不抗争，以获得同情与公正的对待，可却招致更多的白眼与敌意。一天，来了两个救护人员，送这丑病人去

"另一家医院"，我这才知道，所谓"另一家医院"就是锡克利夫。顺着火车干线向北，就能到达锡克利夫，那是座灰色石头建筑，宛如一座城堡。锡克利夫，疯子才会去的地方。梅特兰德对我讲："你又没什么毛病，当然不会给送那儿去。"

我在医院观察了三周，诊断结果的确如她所言。他们通知妈妈来达尼丁接我回家，说在家里休个假，我便会彻底恢复。

想到突然间要回家，一切烦恼都涌将回来：家里所有的悲哀，父母无尽的辛劳，买考尔德·麦凯的毛毯和新鸭绒被每月要付的分期款，思达-宝客特建筑社的欠款，不按时还，我们会给赶出房子；家里的争吵，妈妈的干预，她永远是那个和事佬；我那一口继续变糟的牙齿；我无法在实岛找到自己的位置，而它存在的方式，就是愈来愈快地吞噬每一天。若是我能正大光明、坦然无愧地拥有诗歌世界，无须将之偷偷深藏心底，那该多好！

正为未来感到惊惧时，我看到妈妈站在病房门口，穿着她"最体面"的衣服：海军蓝套装，海军蓝草帽，帽檐上点缀着数朵假花；这装扮其实很寒碜。她眼中流露出一丝恐惧，毕竟我住的是"精神病"病房，而她的脸却明显努力做出"一切都好"的表情。那一刻我明白了，家是我最不愿去的地方。我尖叫着赶她走。她一边离去，一边惶惑地自语道："她可是个快乐的人啊，一直很快乐的啊。"

我当时以为，再住几天就会获准出院，然后在达尼丁找份工作，继续大学学业，从此彻底告别教书生涯。我根本没意识到，不回家便会给关进锡克利夫。没人关心我为何冲母亲尖叫，没人在意我规划了何种未来。多年后我被告知，当年关于母亲那趟探视，院方记录上写道，（患者）"拒绝离院"，那口吻，令我顿时沦为第三人称，甚至是没有人格的人。

第三人称的人也只配用被动时态，于是我被带上一辆轿车，送往锡克利夫。同车的有两个青少年教养院的女孩儿，还有女警官丘吉尔。丘吉尔！虚构与事实间，事与人、地名与人名是怎样神奇地流动着！

九　1945年（三）

人们通常认为，自传写作就是种回顾。然而，时间流逝赋予眼睛 X 光的能力，因此，写自传也可视作透视。另外，时间流逝并非时间消失，而是时间积累。时间之累积，颇似那个童话人物，一路走去，有更多人与他会合，无一可与他者或整个群体分开，其中某些人与你紧密相连，以至于造成了身体伤痛。再将所有事件、思想和情感加诸人物之上，便有了一大堆时间，此时的它黏腻混乱，是比行星与恒星还要宏美的珠宝。

目光若是穿过 1945 年，我会看到这年的基本骨架，其上笼罩着生与死的阴影，它来自原子弹，来自暮春晚雪中顽强存活的不起眼的番红花，来自出生日与死亡日，亦来自其他两三个事件，它们将梦寐以求的行星与恒星带入我的以及其他许多新西兰人的私人世界。这些事件分别是：大学一位年轻学生詹姆斯·基·巴克斯特所著诗集《栅栏外》问世；艾伦·库尔诺[1]主编的《新西兰诗选》出版；弗兰克·萨吉森编选的一部短篇小说集《为我们自己发声》面世。儿时的我认为，新西兰文学是妈妈的专属地；每当我审视周遭，山丘、松园、奥马鲁伊甸园街五十六号、前滩、大海，希望它们在想象力营造的世界里焕发新生时，所能做的，要么是求助于另一个半球的诗歌世界，借用其中的人物和梦幻，要么是开动我的想象，来充实周围的世界。人们真的在创造着新西兰文学，但我却视而不见，而且说实话，极少意识到它的存在。几乎无人提及它，仿佛它是疾患，见不得阳光。只有莫里街[2]的现代书店出售薄薄的新西兰文学作品，摆放在几排架子上，均由小出版社刊行。我还真买过几本，仿照书中的诗歌写作，但没写出什么像样的作品来。詹姆斯·巴克斯特诗中那份坦然面对宽广世界的从容令我惶恐。不过，诗文选集却与之不同，其所选作品风格多样，形成特有的力量，让我为自己的作品看到了希望，同时也唤醒了我的意识：新西兰这个国度的作家们能够理解，为何我要借用约·科·斯夸尔的诗行，去描绘一条条我钟爱的南岛河流，可虽然一遍遍读那首诗，我也只能想到刚果河、尼罗河、科罗拉多河、尼日尔河、印

· · · · · · · ·

1　艾伦·库尔诺（Allen Curnow，1911—2001）：新西兰诗人和记者，因对文学的贡献获得大英帝国最高勋位（CBE）及新西兰国家勋章（ONZ）。
2　莫里街（Moray Place）是围绕达尼丁市中心一条八角形街道。

度河、赞比西河，名字虽美，却属于别的世界。

然而，在新西兰韵文选集中（编选者仍没底气称之为诗歌），我可以读到艾伦·库尔诺的诗作，描写的是坎特伯雷和平原，是"尘灰与距离"，是这个国度在时间中拥有自己的位置，是不必从北方那个莎士比亚的钱包里借钱；也能读到唯有我们方能体会的过往、缺憾和事物，读到时刻独特地影响着我们生活的物质。那首题为《野性的铁》的诗，读起来像是新西兰及新西兰人历史的一个侧面。

丹尼斯·格洛弗的诗作中，河流和地名均出自本土，他甚至描写了喜鹊，完美复现了其在薄雾秋晨的啼鸣。每位诗人都以各自的方式，从各自的所在发声。在《为我们发声吧，宏大的海洋》中，查尔斯·布拉什[1]对大海倾诉衷肠，我不也曾对克卢萨河无声地倾诉过吗？

短篇小说也因其明显的归属感令我叹服。那感觉很像一个孤儿，突然发现自己父母均健在，且生活在最理想的家庭里，也就是生活在一页页诗文中。

时间赋予人难以想象的特权，容许对它加工、再加工，直到它变为过往。上文中我一直在写诗歌小说的出版，而真实的记忆是，我坐在开往锡克利夫的车里，跟两个青少年教养院的女孩儿聊天；锡克利夫，我将成为那儿的病人。

· · · · · · · ·

1　查尔斯·布拉什（Charles Brasch, 1909—1973）：新西兰诗人，文学编辑和艺术赞助人。他是文学杂志《着陆》的创始编辑，任职二十年（1947—1966）期间对新西兰文学艺术的发展产生了重大影响。

十 1945年（四）

我在锡克利夫医院度过了六周。那是我从不了解的世界。我从未意识到，这世上竟有周围那样的人。于我而言，这六周不啻为一门浓缩课，在这被目为疯人的居所，体会疯癫的各式恐怖，曾经可以容忍的现实种种，曾经可以把握的日常生活，都永远离我而去。从到那里的第一刻起，我就明白，自己无法回归正常生活，也无法忘却在锡克利夫目睹的一切。我觉得，自己的生活似乎彻底颠覆了，这世上的人突然分作截然不同的两类：一类是街上的"普通"人，而另一类是"隐秘"人，很难看到他们或与之交谈，可一旦提及，嘲弄、讥笑和恐惧是许多人的反应。我见过目光呆滞的病友，眼睛好似风暴眼那般平静，可奇怪的是，眼周却无声无形地飞旋着躁动。对病友们我日渐了解，渐渐喜欢上了他们。既打动我，也令我悲伤的是，他们，或者说我们，能够学会并遵守医院生活里种种成文或不成文的规矩。不仅这样，甚至还对此颇为享受，入院多年的病人竟然会对刻板的日常满怀骄傲。生活在这个疯人群体中，每个人在空间上，甚至在语言上都被隔绝开来，每个人都不具备法律上的或者个人外在的身份。没有自己的服装，没有手提包、钱包及其他私人物品，仅有一张暂时属于自己的床，床边有个储物柜，还有一间称作"白日房"的房间，供病人呆坐发愣。囚禁于锡克利夫其他病区的许多病人没有姓名，只有绰号，没有过往，没有未来，只有被监禁的当下。这是一座永恒的实岛，却不具备与之相伴的地平线，无处可立，无物可握，甚至没有变幻的天空。

接下来的八年中，我转过几家精神病院，其环境及其中发生的事件，我在小说《水中的面孔》里曾详细描绘过。我也曾据实写出自己的治疗以及对治疗的思考。该书的虚构集中于对中心人物的刻画，是以我为蓝本没错，但其思想与情感多为虚构，为的是创造性地呈现我所目睹的病态。记得有一天，看到窗外工人在挖排水沟，一位病友对我讲："你瞧，那些人在给我们挖坟墓呢。"我知道她真这么认为。她这句话可以体现我描写伊丝蒂娜·马维特[1]时的方式。我仿佛来到一个陌生的国度，即便仅有六周，我也大概学会了这国度居民的言语和行为方式。有人比我学得更快，那两个教养院女孩儿很有本事，能够学他人的样子来"表演"，把日子过得有滋有味。

最初，我的世界就是家。在《到实岛去》中，我常常用第一人称复数"我们"，而不是"我"。离家读书那段日子，是"我"的时间。如今我是锡克利夫的病人，重新成为群体的一员，然而却孤单更甚，甚至连那个孑然的"我"都不复存在。我成为"她"，"他们"中的一个。

1945 年 12 月，我得到六个月的考察期，获批离开锡克利夫，返回柳谷。正值夏天，柳谷最为明媚的时光，我却感到内心发生了巨变，这是身陷疯人院的经历所致

· · · · · · · ·

1 《水中的面孔》的女主人公。

吧。我望向家人，心知对我的所见所闻，他们茫然无知，心知这个国度的其他地方，也囚禁着男人、女人和孩子，他们给隐藏起来，除了绰号外身无长物。可即便是那个绰号也在暗示，他们就是魔鬼。我察觉到，家人的行为举止起了微妙的变化，大约因为，我是从关疯子的锡克利夫出来的病人吧。为何我再次用蜘蛛来打比方呢？似乎住过疯人院后，我便如一只蜘蛛，用无数根蛛丝在周围织就一张网，每根丝无形地伸向那些"知我底细"的人，缠住他们，固定其姿态、言语与情感，使其陷入瘫痪；虽然其姿态、言语与情感令我郁郁，但也令我认识到，我具备织网的力量，而为网所困的人却无力挣扎。

回家一两周后，家人面对我时不再那般恐惧，他们眼中渐少的怯意便是明证。他们知道我大约会做什么，我是个疯子，难道不是吗？妈妈拒不承认我有病，她一点儿都没变。她说我是个快乐的人，肯定是哪里弄错了。我发现，只要我把这档子事儿当笑话，谈论"乡间大宅"里的趣事，把那地方比作旅馆，每个人都会乐而忘忧。我跟他们描绘了疯人院的环境，说："那儿就像一个完整的村庄，有自己的农场，养了牛和猪，所有的剩饭剩菜都倒进猪食桶；有菜园，还种了花；村里村外到处都是树，主管住宅附近有一株白玉兰。"

当自己是个讲述其所见所闻、描述其假日冒险的孩子，这段经历说出来便容易些。

我没跟他们讲的是，透过西姆拉楼前的篱笆，我偷看远处的山，看到些穿条纹衫裤的奇怪男人，有的甚至连长裤都没有，在草已经枯败的围场上踱来踱去；我还瞅见一个围场上满是妇人，身着深蓝色条纹衣裤；还有一辆形似人力车的板车，每天经过病房前，上面装满煤块，两个男人辕马般拉着车，驾车的是一个医院杂役。我向来好奇，也曾窥视一个散发出尿骚味儿的房间，里面满是睡在小床上的孩子，有些还是小娃娃，他们样貌怪异，发出各式古怪的声音，脸上糊满了眼泪鼻涕。还有些事儿我也没提，比如有个肺痨病人的专属病区，他们用过的碗碟都会丢进煤油桶，放到餐厅炉火上沸煮，护士们每天都会花时间，在存放被单的小壁橱前折纸板，制作状如草莓盒的小纸盒，还得做够每天所需的量，供肺痨病人吐痰用。

圣诞节后，家人说或许出去度个假对我有"好处"，于是我便和琼出发，打算去皮克顿玩两周。那儿是妈妈的老家，夏日通常是蚊蚋肆虐的季节，我们坐上大船，在莫尔伯勒峡湾[1]里四处游览，此外还串门儿走亲戚，听他们念叨家族史未曾与闻的细节，而我因受前一年欣赏音乐的影响，在脑中创作了一首我称为《皮克顿蓝绿交响曲》的乐曲。回想那个假期时，我的记忆零碎不整，我觉得，它就像一捧种子，为从冬日记忆里飞来探夏的候鸟所啄食；啄食的抑或是本地的鸟儿，它们长时间以记忆为食；还有其他种子，有的没能幸存，有的长成植物，却已无从辨识，无法道出其名。

家人想听听度假的情况，我和琼晓得什么会让他们

. . . .

1　莫尔伯勒峡湾（Marlborough Sounds）是新西兰南岛北端的一个广阔的被海水淹没的山谷网络。

开心，便拣些他们爱听的讲。你知道，这本事我们打小就学，老师就是我妈。

我再次为接下来一年回达尼丁做准备。我打算找份"包住"的工作，"选修"哲学（二）、逻辑学和伦理学，但不参加考试。此前我一直以为，心理学期末考虽未考，但就我一年的表现，老师也应该能让我过。可我发现，老师给了我不及格。不及格！也许是我粗心，该填的表格没填吧。

与此同时，在家的我面临另一个问题：当初给官方认定精神失常后，我的事情便交由公共信托办公室处理，他们收走了我的二十英镑，那是我存了一辈子的钱。此时，妹妹和兄长再次同我"团结起来"，竭力维护我的权利；伊莎贝尔致信某公共信托官员，言辞恳切。那人回复说，收缴"财产"是出于对我利益的考虑，官方认定我精神失常，因而不具备法律权利，除非六个月"考察期"结束后，医生宣布我已经痊愈。

若是这样，重新上班前，我也许能申请一笔疾病津贴？

我去奥马鲁医院，找锡克利夫派驻那里的医生，得到的却是困惑，因为诊断书上写着，病因：精神分裂症。

回到家，我半是骄傲、半是恐惧地高声宣布："我得的是'精—神—分—裂—症'。"

我查了心理学教科书中有关"变态心理学"的章节，并未发现"精神分裂症"，仅看到一种称为"早发性痴呆"的心理疾病，显然只侵害我这类年轻人，病患的脑功能会逐渐退化，无药可医。该章节后的注释提到，

"早发性痴呆"如今称作"精神分裂症"。"精—神—分—裂—症"！脑功能逐渐退化！大脑退化，行为也退化！我居然得了"精神分裂症"！这似乎给我判了死刑。若将蛹比作人的自然状态，那么我便似乎从蛹中孵化出来，幻化为另一种生物，即便某些部分依然与人相似，渐进的退化却令我离人越来越远，到最后，即便是家人都会不认识我。

柳谷明媚的夏日时光行将结束。那些日子里，末日感只是偶尔闪现，如流云暂时遮蔽天空。我自知生性羞怯，易于陷入恐惧，入院六周且目睹周遭的事情后，恐惧感益发加深；我知道，自己身陷想象的世界中，但也清楚，我也完全身处"现实"，头顶无论笼罩着何等阴影，那阴影只是诊断书中的文字罢了。

大学新学年即将开始，我在达尼丁登出求职广告，说自己是"做研究的学生"，希望找份"包住"的工作。卡弗舍姆区普雷菲儿街的 B 太太联系我，说她开了一间膳宿公寓，也照顾些上年纪的妇女。求职者需身兼三职，既是女佣、女招待，也是女护士，生活必需品全包，下午不上班，每周三英镑工钱。太好了，下午不上班，有时间写诗写故事了。

十一　膳宿公寓与新世界

我再次搭乘周日慢车南下达尼丁。那趟车逢站必停，我坐在为寥寥几位乘客加挂的老式客车厢里，望向蒙着油布的货车厢之间螺旋式的链接。一如往常，货物有装有卸，货车挂钩解开时，整趟列车都发出震颤。过了许久，到最后，客车车厢似乎孤零零立于草场中间，到处都是桉树、高草、曼努卡灌木丛、马塔格力、沼泽、羊群和破败的屋舍，仿佛它出门远足，进入杳无人烟的地方，而那里亦是昨日，满是平静与忧伤。快车车窗靠旋转手柄升起，而旧式车窗是上推的。我望着窗外，同时感受到一股力量，那只能是爱，让我的心为这片土地所吸引，这片似乎空寂无人的土地。于一切事物与人，我心中升起从未有过的责任感，因为每时每刻，对锡克利夫所见之人的记忆都如影随形，而这一认识甚至改变了眼前的风景，也改变了我对这风景的感知。

列车停靠锡克利夫车站时，我瞅见那寥寥几个假释期内的病人，站在月台上看火车。你瞧，我对此了若指掌。我知道如今亲戚朋友如何说我。"她可是去过锡克利夫的人，人家没办法，只好把她送那儿去了。"内心深处，我也用同样的话描述自己。想起多年前，医生建议把布鲁迪送那儿去时，妈妈语带惊恐地拒绝："绝不，绝不。我的孩子打死都不去那种地方。"我也是她的孩子，难道不是吗？难道不是吗？可她竟在送我去的文件上签了字。想到这儿，我浑身不自在，心下竭力思忖，家人的爱究竟分成几份，而我那一份又有多少？

我扫视一番车厢内的"正常人"。他们知道我曾去过哪儿吗？若是知道，会不会瞅我一眼，然后赶忙扭过头去，以掩饰恐惧与惊异，仿佛他们品尝到某种体验，他们会想"谢天谢地"，这体验自己绝不会有，可关于这体验，他们虽满怀恐惧，却忍不住想知道，究竟滋味如何。倘若了解我的底细，他们是否会竭力辨识我身上疯癫的迹象，一如当年的我，盯着锡克利夫车站上的"疯子"，寻找关于疯癫的蛛丝马迹。

我心想，是这样的，那种迹象是隐秘的，不过现在的我对其谙熟于胸，我是个老练的观察者，我光顾过那陌生的疆域。

同时，我心下骇然地想起，人家说我是精神分裂。这病没得救。

然而，列车车轮依旧发出凯坦加塔、凯坦加塔、凯坦加塔的声响，这辈子所有火车旅途中，它们都是这般动静，对我的怪病无动于衷。它们的铁碰着铁轨的铁，执拗地道着：凯坦加塔、凯坦加塔、凯坦加塔。

列车抵达达尼丁。我深感孤单，似乎自己不属于任何地方。那些有归属感的美好日子都消失无踪。曾经的我，在师院与大家一起唱"教堂执事下去喽"，过来人般地谈论派对、实习和试讲；曾经的我，在大学课堂里上英文课和法文课，到小学教孩子且喜欢上他们。可这一切似乎都未发生过。令这感觉益发刻骨的是，自从被关进锡克利夫，似乎人间蒸发后，无论师院、学校和大学都音信皆无，只收到过朋友舍拉的一封信，还有约翰·福里斯特的一张字条，邀我来年去他那儿"聊一聊"。跟人聊聊的念想令我魂牵梦萦，而此人又是个有趣的青年，就更是锦上添花了。

对于自己的现状，我有着清醒的认识。若照正式诊断，我属于疯人的世界，这病将伴随终生，无药可医，无有希望。即便如此，我也要好好应对，不但要活下去，而且要活好。我隐约感到，这病并未剥夺我的诗情。因此，虽然依旧深感孤独，却不像初到达尼丁这个大城市时，心中惶恐不安，此时的我多了份从未有的镇定。我搭上出租车，赶往卡弗舍姆区普雷菲儿街，那儿是工读学校所在区域的中心。

达尼丁南区，包括肯辛顿、卡弗舍姆和圣基尔达，是个穷地方，人们的日子等于无尽的"劳作"，而这片低地恰似这种生活的写照，仿佛在此地，努力与盼头给频发的洪水冲刷殆尽，只能眼瞅着周边山上的居民日子过得红火。我曾在卡弗舍姆学校教过书，也在肯辛顿那间"铁路桥下"的学校上过课，亲眼见过那里的贫困。一排排破败不堪的屋舍，给时间、雨水和洪水摧残，褪成了土黄色；孩子们脸色惨白，发色暗淡，浑身湿潮，似乎日日自潮汐中来。

对于膳宿公寓的住客、房东先生、太太以及他们的孩子，我的记忆很是模糊，就如草就的黑白素描，每个人仅有大致轮廓，再就是头颅上草般生长的发。然而，他们依旧端着只隐形的碗，碗里满溢着情感，而我记忆中最为真切的，正是他们道出及未道的情感。这些人虽郁郁寡欢、焦虑惶恐，却硬要装作快活，吃饭时，每个人都会翻找出有趣的事儿，讲述给他人听，认为这样做的话，也许能制造出快乐感。男人们通常受雇于铁路车间，女人们则在巧克力厂或果酱厂上班，也有在毛纺厂分厂做工的。有个年轻人，每过几周便会丢掉差事，然后再谋一份，然后再丢掉。晚上或晚饭时，人们便会聊他如何走运或背运，有的分析原因究竟，有的替他开脱辩解，也有的不吝谴责声讨。此外，他们也会彼此指责，互开玩笑，谁让他们不舒服，就会立刻招来诽谤谩骂。我只记得，房东太太的丈夫是个面色苍白的高个子男人，有些驼背。他从棚屋取回柴火，走进起居室，晚上大家都聚在这儿，女人们打毛线，男人们要么打扑克，要么翻阅体育报纸。有时，一位三十五六岁的瘦削女人会弹奏那台琴键泛黄的钢琴，而那做推销的中年单身汉，就是那个胖墩墩、人缘很好的家伙，会唱起最新的流行歌曲：

> 从太阳落山
>
> 到充满欢乐的清晨……

那女人没有丈夫，也没有情人，是公认的"失败者"。其他人虽也潦倒，却有拿得出手的借口和理由，而她呢，连个男人都没有，就这便足够说明她很"失败"了。而那推销员之所以人缘好，全因为"他总是那个样儿，跟他相处，不用担心他藏着掖着什么"。

到那儿的第一刻我便说，除上班外，我还有忙不完的事儿，所以有时会想回房间吃饭。我说自己是大学生，手头有研究课题；我这人看起来很诚恳：脸上随时挂着笑容（但愿没露出那口坏牙），嗓音透出同情，没有明显的身体缺陷，头上堆满浓密的姜黄色卷发。每天的活儿呢，除了准备及为住客打早餐外，就是为整栋房子做清洁，照料四个卧床的老妇人。她们都住在宽敞的前屋，四个屋角各放一张床。我为她们擦洗身子，翻动身体，整理身下的橡皮环。她们瘦骨嶙峋，背部皮肤一道道垂着，颇类满布疙瘩的鸡皮，上面似乎曾长过羽毛。我给褥疮涂上甲基化酒精按摩，周身扑上爽身粉。我还负责喂饭，有时会借助一只白陶的喂食杯。我扶着她们坐在木质坐便器上解手，或者对准她们松垮的屁股，将床上便盆放好。

我惊讶地发现，这四人中有一位竟然是 K 太太，汉伯母的姐姐，而汉伯母是鲍勃伯父的妻子。鲍勃伯父原先在莫斯吉尔开面包店，退休后弄了个烟草"摊儿"，跟电话亭差不多大，坐在里面卖卖香烟、烟草、《赌马杂志》《体育新闻》以及彩票什么的。上了年纪的 K 太太有个女儿，我进师院时看到她的名字，凭"直觉"认定，她就是"伯母的外甥女"。这老太太身量高大，骨骼轮廓分明，鼻梁高耸，下颏尖翘，赋予那张脸以高傲之气。K 太太夫家来自"上中部"，即使是她自己，也多少将中奥塔戈地区的山形吸纳进身形。与其妹汉伯母一样，她的嘴与唇随时都会浮现不满。爸爸过去常说，汉伯母的嘴就像憋不出蛋的鸡屁股。

在 B 太太的膳宿公寓里，我与汉伯母的姐姐成了朋友。我发现，对于病弱与老迈之人，我有的是温柔和持久的耐心。我喜欢照顾人，令其感觉舒适，满足其要求，端上其所点的食物。我似乎是个"天生"的侍者，毫无不耐烦、恼火与愤怒需加克制。明白这点令我心生恐惧：从小到大，我眼中的妈妈不就是这样吗？我的所作所为跟她无甚区别，而且对这新角色，我还乐此不疲。我居然能完全抹除自己，完全依照别人的感觉生活。

我的房间狭小逼仄，先前用来储放床上用品，一侧靠墙立着排置物架，另一侧靠墙摆放着一张窄床。透过唯一的小窗望出去，触目所及是"纯粹的卡弗舍姆"：灰石建筑了无生气，帕科赛德养老院高耸的烟囱隐约可见，这景象颇合我心目中十九世纪的英格兰作坊。早上忙完手头的活儿，我便回到房间，坐在床上写短篇，也写诗。小时候，有段时间写作时，总想到也有其他孩子在写诗，与此类似的是，如今写作时，会想到在我的祖国，也有其他作家正从事创作。我所作短篇小说的灵感，多少源于阅读威廉·萨洛扬[1]的作品，我还轻狂地认为，"写成这样我也不在话下"。我为身处这样一个国度而兴奋，拥有了自己的文学的它正在苏醒，为自己发声，许多作家自战场归来，带回迫切需要表达的体验。除此之外，我感觉到，自己新近获得的体验实乃宝藏，它赋予我灵感。这体验便是六周的疯人院经历，我的所感所见，自己的变化，以及精神分裂的正式诊断。我给膳宿公寓的住客提供饭食时，他们也从其情感那隐形的碗中拿出食物滋养我。

膳宿公寓外的生活，除了晚上听逻辑和伦理学课，就是每周与约翰·福里斯特"谈话"，地点在大学教授楼顶层的一个小房间。此外，我还去达尼丁图书馆，阅读精神分裂症患者个案病史，努力想象未来会发生什么，心中的惶恐同末日感与日俱增。我竟然得了精神分裂症，

. . . .

1· 威廉·萨洛扬（William Saroyan, 1908—1981）：美国小说家、剧作家，作品多为自传或半自传性质，颇具幽默感。

这似乎很不真实，可当我读到，此病的症状之一便是感到"一切似乎不真实"，我便愈发惶惑不安。看来我是没救了。

跟约翰·福里斯特的"谈话"算是种慰藉吧，毕竟有了他，我与曾经熟悉的世界便并未脱节。我希望"谈话"持续下去，便使出浑身解数，令自己的病症看似严重到可怕的地步。我躺在长沙发上，而年轻英俊的约翰·福里斯特呢，则因刚刚应用了弗洛伊德的理论而容光焕发，他记录下我的所言所行。突然间，我会眼露朦胧之色，仿佛沉入梦境，开口讲述一种幻觉，就好像那是我亲历的真实。我会描述那幻象的每个细节，而约翰·福里斯特会一脸严肃地倾听着，眼中流露出震惊之色。讲述幻象的细节时，我常掺入此前所读有关精神分裂症病案的内容。

有一天约翰对我说："折磨你的，是内在灵魂的孤独感。"他初出茅庐，渴望在心理学领域大展身手，显然乐于相信我说的一切，于是，深切感知"内在孤独"成为他特殊才能的标志。接下来他说了一句话，这句话此后许多年左右了我的行为和理智。

他说："想到你，我便想到梵高，想到雨果·沃尔夫[1]……"

由于无知，什么梵高、雨果·沃尔夫的，我所知甚少，于是便找书来看，找寻相关信息，才知道雨果·沃

----

1 雨果·沃尔夫（Hugo Wolf, 1860—1903）：奥地利作曲家，1897 年因精神失常而停止创作。

尔夫"疯了"，梵高"病愈无望，饮弹自尽"。我还读到，舒曼同样"心理健康严重衰退"。此三者均被诊断为精神分裂症患者，可显而易见的是，精神分裂症孕育出其艺术才华这颗璀璨明珠。他们是艺术巨匠，高瞻远瞩的巨人……

于是乎，在这场可怖的盛宴中，我的座位已经排定。我不敢奢求"伟大"，但至少能够将精神分裂这一特征赋予我的作品，必要时甚至赋予我的生命。

得知我写诗和短篇小说，约翰·福里斯特很开心。他跟我说，但凡写出新作品，最好交给他保管，于是我便依言照做。我将"纯粹的精神分裂元素"留给诗歌，因为在诗歌中，它表达得最为自然，我很期待约翰·福里斯特的嘉许之辞。我攒够了钱，购入一台二手巴洛克20型打字机用于写作，最开始只会用一两个手指敲击。我觉得，我拥有了这世上自己所渴望的一切：有地方有时间写作，有足够的钱生活，有人可以倾诉，或者至少有人会惊叹于我的所作所为，有一种成为我艺术创作同盟的有趣疾病，但凡能保有必要的症状，它便能保证约翰·福里斯特会继续倾听。我半认真半玩笑地玩着一个游戏，只为赢得一位年轻人的关注。他人很可爱，对心理学和艺术颇为着迷。然而，尽管我伪装出幻觉与幻象，心中却日益恐惧起来，我的某些感觉与精神分裂症患者的想法竟如此相似！我极度腼腆，沉浸在内心世界中。我宁愿去写，去探索想象的世界，也不愿与人为伍。不过，我从未脱离"真实"的世界，虽然必要的时候，我能"祭出"这一病症，令旁观者信以为真。

我尚未对情欲有感，虽然无疑曾有体验，却由于天真未凿，对此不曾察觉。后来有一天，研读一份精神分裂病案时，我了解到一位妇女害怕看牙医。我与她深有同感，不过不去看牙也是因为我缺钱。从弗洛伊德的角度看，在精神分裂症患者中，"害怕看牙医"颇为普遍，经阐释，此实为"自慰羞惭心理"，据说是精神分裂的病因之一，也是持久的症状！

对此我沉思道：我的确害怕看牙医，因为我知道，自己的牙已烂到无可救药的地步。当时，新西兰人普遍认为，天生的牙齿最好全拔光。这是殖民式的挥霍，就像砍伐森林一样，其实毫无必要。至于自慰，这是一个我不懂的词儿，也是一种我懵懂不知的行为。然而，这一崭新的事实令我充满好奇，忍不住要一探究竟，它意味着什么，具体又如何实施。既然人们认为这是我的病因之一，我当然要有所了解！恰巧我和两个妹妹都觉得，我们需要更深入的性教育，而无人会跟我们讲解其中的原理，于是便邮购了一本大做广告的书，名为《交往与交媾》。书很快到了，护封显得朴实无华。每个受过"教育"且对性和婚姻持健康态度的人，都在阅读此书并大力推荐。我们在书中发现了详细的描述，这些我们在妈妈那本《女士家庭治疗手册》中也曾翻找过，却一无所获，虽然其中有一章是写给即将结婚的女性的，题为《自然天性》。书中也谈到了自慰，并有详细的讲解，说这是男性女性都有的正常行为，无须为之感到羞愧。

我自然尝试了一番。可这一试，童年突然就变得极为遥远，因为我知道，再难回到无知的状态，余下的仅有好奇，若永不知道会是怎样？几周后我对约翰·福里斯特说："太恶心了，真没法跟你说，这都好多年了，我一直感到羞耻。就是，就是……"

他满眼期待地等着。

"就是自慰，对自慰的焦虑……"

他说："谁都会焦虑的。"然后解释说，"这很正常，每个人都会的"，跟书上讲的没有分别。

这种"闲聊"模式太合他心意了。如今我能想象，当时，他那张写满弗洛伊德学说的脸上掠过一丝得色：哈哈，这可是教科书式的精神分裂症。

想到也许会再次面临无人交流的境地，我便无法克制内心的恐惧，也就是说，我看似"正常"，实则濒临精神崩溃，因为我跟其他青少年一样，对于如何"应对"日常生活充满焦虑与惶惑。然而奇怪的是，我发现，为了减轻焦虑，我强迫自己选择了一条标示明确的道路，从而使我的旅程能引起关注；而且也发觉，这样做也能引来更多实际的帮助。我觉得，当时的我并未想到，若能保持本色，羞怯中带着微笑，人家或许肯伸出援手。此前的生活一直教导我，要拿出成绩来，要在考试中答对题目，赢得他人的嘉许，要解决难题，要在某些瞬间表现出"聪慧之气"与"卓然之姿"。我常为衣着感到羞惭。那头蓬乱的卷发及其引来的异样目光令我深感挫败。同时，别人催我将头发"拉直"，仿佛卷发威胁到了谁，这也令我困惑无措。

我无法自如地与人交谈，既不诙谐风趣，也做不到妙语连珠。我就是只不起眼的灰鸟，日子过得平淡无奇，偶尔向世界展示一两片绯红的羽毛，也为适应生活的不同阶段而改变羽毛的厚薄。童年时，我展示过猜数字谜语的能力，大段大段背诵过诗歌与散文，也表演过做数学习题；如今，为了应景，我穿上了精神分裂症这件奇异的外衣。

1946年，我的"考察期"结束了，医院诊断说，我已恢复正常。我怅然若失，感到一丝痛苦，毕竟病中的我创作了多篇短篇小说和不少诗歌。约翰·福里斯特拿给凯克斯顿出版社的丹尼斯·格洛弗看，后者很感兴趣，决定将那些短篇结集出版，也许接下来还会出诗集。我感到，自己的作家生涯启航了。

年末将至，有一天约翰·福里斯特跟我说，他已申请去美国从事心理学研究工作，希望能在那儿拿到博士学位。转过年他便会离开新西兰。若想找人聊天的话，他可以推荐一位朋友，叫作R太太，住在基督城。他跟那人说起过我，另外，她很有艺术气质，对我的"案例"颇感兴趣。

"那我就去基督城找份工作吧，说不定再到坎特伯雷大学选门课。"我异常平静地回应道。我明白，由"闲聊"构成的、给我安全感的精神分裂世界行将崩塌，我将给孤零零地抛到一个陌生城市。我弄不明白，为何曾以为自己属于达尼丁，也想不清楚，如何能融入基督城。凯克斯顿出版社就在基督城，还有那本他们计划出版的书，也许那书会像一位住在附近的亲属，令我不那般孤寂？

我拿不定主意该去哪儿。我知道，回家呢，只要待一两个月，便会郁郁寡欢，无法忍受；在家里，人人都煎熬不休，不是因为缺钱，就是因为缺爱，渴望权力的同时，又渴望巨大的安宁。要找家旅馆或膳宿公寓也并非难事，那样便会有工作、住处和餐食，可是为什么，为什么1946年要结束？

我立于峭壁之上，拼命抓住1946年的翅膀，它们拍击着布满盐霜的泥土与青草，准备腾空而起，飞入昨日。现实中，我挥别了卡弗舍姆区普雷菲儿街的一切：那四位老妇人，那些住客及其隐秘的失败、羞惭与彼此分享的小欢乐，房东夫妇和他们四岁的小孩儿，他还不会说话，但大家都装作看不见。我离开了，怀揣新开出的推荐信，"对住客始终礼貌有加，勤劳肯干，令人如沐春风"，若在基督城找工作，便会派上用场。我还带走了一只小黑猫，据说是公的，可实际上是母的，我怜爱地唤她"西格蒙德"，后来改为"茜格蒙德"，简称"茜吉"。我，一个永远与酸模、野豌豆及"铁轨上的锈迹"相伴的铁路之女，再一次踏上旅程，乘快车北上。火车接近奥马鲁，眼看要到城市花园了，匆匆一瞥间，我看到了柳谷，它正披上夏日的光彩。

十二　柳谷之夏

我尚未在柳谷度过整个冬天。冬日里，溪水漫溢，奶牛将车道踩得稀烂，大门前的路无法行走；我们家有现成的牛圈和三亩地，为何不让奶牛们去那儿折腾呢？这些个罪只有爸妈、琼和布鲁迪受过，我只在周末回家，要么待在冰冷刺骨的前卧房，缩在毛毯里，抱紧石头热水瓶，要么穿上农装、雨靴和爸爸的雨衣，到山上四处乱逛，好让身子有些暖意。

为了让房子好住些，爸爸和布鲁迪下了很大功夫。厨房地面不再裸露着土，屋顶也做了防水。水管虽然冬天会冻住，但毕竟铺设好了，跟镇上的主水管连了起来，洗涤间还安装了热水器。如今，走廊里装了一部电话，是与别家合用的分机，听筒长长的像只犄角，铃声响起时，一般妈妈会去接。爸爸拒绝接电话，显然是出于恐惧。妈妈也害怕，不知道会有什么吓人的消息，但还是硬着头皮去，因为电话跟电报一样，有急事儿时才用到，那就意味着生或死。电话簿总是放在"蕨架"[1]上。与其他几件体积不大，能放进这栋房子的家具一样，它一直是这个家的一部分。它们的名字散发着往昔的味道："蕨架"（从未放过蕨类植物）；爷爷的象棋桌，上面所刻古时国王王后头像带着漆黑的灼痕；五斗橱……

那个夏天如天堂一般。小溪旁有根倒伏的桦木，我独坐那里，观看水中的紫水鸡、鸭子和鳗鱼，有时目光穿过柳荫，眺望围场上的牛羊。每周，牲畜贩子暂将它们圈养在那儿，然后便会沿大路赶去位于怀艾瑞卡的牲畜交易场，接着装上卡车，送往普库里的冷冻加工厂。

1　一种高脚花架，顶部是圆形小台面，有四条曲线形长脚。

我知道那就是"屠宰场",然而,多年来,我始终将这个词拒之门外,任这类词在意识的门廊上逡巡来去,却不肯探究其意义,不肯邀请其进入给闪电突然照亮的意识之室。有时我会救出一只陷入沼泽的羊,可终究救不了它的命,不过为了这个,牲口贩子会付我五镑作为酬谢;他是个方脸膛的高个子男人,戴一副牛角框眼镜,那模样在我看来,仿佛是位钢琴家或大提琴手。

隔着柳树别人看不到我,我却能瞅见大路,瞅见邮递员踩单车而来,停在我家信箱前。那儿已是整条街的尽头,再过去便是别家的农庄、围场和老磨坊街。我想会不会有我的信呢?会是从哪儿寄来的?又是谁寄来的呢?信箱是爸爸自己做的,像栋小房子,有烟囱和刷了漆的门窗,还有红墙绿瓦,连房檐都不缺。一俟邮递员离开,我便上前查看。圣诞节时,约翰·福里斯特寄来张贺卡,我当它是宝贝,拼命想从那句"你最为真诚的"中探知温情的深浅。它与"你真诚的"是否差相仿佛?我很现实,会往坏处考虑,心里明白,即使逐字细究,或以浪漫的语调反复柔声诵读,"你最为真诚的"都带不来多少希望。我并未爱上约翰·福里斯特,但需要他关注我,对我感兴趣。看到妈妈问我"有没有福里斯特先生的消息"时眼中的热切,我颇感受用,同时得意地回答,以确保浇灭她的希望:"不是你想的那样,妈妈,我只是暂时给'转移'到他身上。这是个尽人皆知的现象,来自弗洛伊德的理论。你不会懂的。"

这个夏天也带来凶兆与变化。伊莎贝尔游泳时突然全身脱力,勉强挣扎着才挨到泳池边。赶来的医生说她

"心脏有问题"。悲剧又要重演吗？想想都不寒而栗，我们干脆不提，就当它不存在；至于有没有告诉爸妈，我也记不清了。伊莎贝尔刚刚全心投入地教了一年书，正与痴心的男友商量婚事。

成长的过程中，伊莎贝尔、琼和我渐渐疏远，而这个夏天却将我们重新拉近。我们发现，对于父母及其为子女做出的牺牲，自己有了感恩之情。妈妈一直想回老家皮克顿看看，我们觉得，是时候让她回去度个假了，费用我们三人分担。爸爸对此没兴趣，反正每年他都去波莉姑姑家度假，通常赶去看橄榄球赛季的对抗赛。这样的话，妈妈就拥有了一个人的假期。

"别呀！"妈妈说，"钱你们自己用。"

我们哪里肯呢。可以理解，离乡近三十年了，她难免心生怯意。

我们说还是去吧，伊莎贝尔可以陪她，爸爸、布鲁迪、伊莎贝尔、琼和我一起出旅费。刚一转过二月，新买的手提包里装着免费头等厢车票，头戴新草帽，身穿她最好的也是唯一的套装，妈妈与伊莎贝尔一同出发，踏上梦寐已久的假期之旅。

我们送她们登上快车。最近，我们几个变得敏感多思，想到"妈妈本该有的生活"，心中充满了悲伤、遗憾与自责，见她因离家而感到恐惧，便尽量安抚她的情绪。我们反复叮嘱，到家之后的头几天，不管是妈妈还是伊莎贝尔，都要来个电话。

"报个平安就好。"

"要回去了，一定很高兴吧妈妈，不是吗？"

我们知道她很开心。你瞧，她脸上浮现出曾有的快乐：哦，怀卡瓦街；哦，老船长们和毛利人村；哦，莫尔伯勒峡湾、安德伍德港、迪芬巴赫、卵石小径；还记得卵石小径吗，孩子们？那儿的风暴，那儿的船只残骸；哦，那些先民们……

我们不停地挥手，直到火车完全驶出视野，也就是说，它已掠过机车棚，消失在完全扁平的远方。两条铁轨在那儿融为一体，美术课上学透视时，老师教过我们如何画。很快，火车与车内的旅客变成条细线，一个字母 I，上空飘着一缕 S 形的烟，它驶过男子高中，驶过普库里，越过坎特伯雷平原，奔向基督城，奔向皮克顿。

十三　水之殇重演

妈妈离开仿佛死亡降临。爸爸阴着脸，傍着煤炉，坐在饭桌属于他的那头，翻阅新一期《幽默》杂志，没人给他的茶里放糖搅拌，也没人兴奋地同他一起看细密的小水泡冒出水面，预示着大水泡即将翻涌，瞧啊，一来就两个！没人给他挠背，也没人同他分享那张床，嘴里咕哝着："你的脚怎么那么像两块肥肉呢。"

说好了，我和琼负责煮饭烧菜，帮布鲁迪照料奶牛，可才过了一天，虽说家里家外的活计没什么不顺，我们也遵从父命，没煮什么"稀奇古怪的食物"，可妈妈不在，就好像不见阳光的房子给覆上一层暗黑的严霜。

我们也想伊莎贝尔，但出于不同的原因；我们想她，是因为这姑娘总是不停地准备这张罗那，瞅瞅衣服有哪儿不合适，褶边是放长还是收短，鞋子拿过来修一修，不管说到谁，说到什么事儿，都是观点鲜明，直言不讳。她一直规划着自己的未来：书嘛，教了一年已经足够，她要结婚，而且，大概会找家大报纸做记者，反正要干点儿什么，而且一定要不同凡响。在达尼丁时，一旦压力如山，心里憋闷，她便去溜冰；回到奥马鲁，她就去游泳。

她们到达皮克顿度假的第二天下午，电话铃突然响起，琼接了起来，滋滋咋咋的杂音中，听到有人说"这儿是皮克顿"。爸爸上班去了，布鲁迪也不在家。电话是格蕾丝姨妈打来的。仿佛电话杂音泄露出来，令厨房陡然陷入无形的骚乱：伊莎贝尔在皮克顿港游泳时突然晕厥，溺水而亡。对此官方会展开调查，嗣后，妈妈将坐火车带伊莎贝尔回家。

即便巴望此消息有误也无济于事：伊莎贝尔淹死了。距默特尔身亡将近十年，而这新的打击，像双重闪电般袭来，燃毁了我们的所思所感：我们能想什么？又能感觉到什么呢？

电话再次响起。是爸爸打来的，他听到消息，正在往家赶。布鲁迪也在回家的路上。此时，这噩耗已尽人皆知：十年前的家庭悲剧重演，奥马鲁女孩儿溺水身亡。

有叫她"女孩儿"的，也有叫她"女人"的。伊莎贝尔·梅·弗雷姆，时年二十一岁。

父兄尚未回来，我与琼独自在家相互安慰，就在此时，后门廊响起敲门声。是 J. B.！怀塔基女高校长威尔逊小姐！在伊莎贝尔、琼和我眼里，她是"令人惊叹的巨人，是一万五千吨钢铁铸就的、宏伟的现代巨轮"。怀塔基女中校长居然登门造访，在我看来简直不可思议，几乎压过了死亡带来的震惊，毕竟这么多年里，她的全部生活就在学校，与家庭生活格不相入。威尔逊小姐当真坐到我家沙发上了，可那沙发露着弹簧和填充物啊，扶手上那块暗沉印记，是布鲁迪的公猫多年前的尿迹，我们曾祭出圣诞节才用的康乃馨香水，试图去掉那污渍和异味。

威尔逊小姐突然张臂搂住我俩，三人一起放声痛哭；我们心想，若伊莎贝尔目睹我们跟 J. B. 相拥，那该有多好！

想到伊莎贝尔的死，如同当年想到默特尔的死一样，一瞬间，我竟感到问题也许就此解决，只是代价过于高昂。这念头一闪而过，继之而来的，是前者溺毙时我心中亦真亦幻的感觉。我不由自主地想，二者的死可与 T. S. 艾略特的两句诗相印证，同时也提醒自己，我依然栖居在文学世界里。我穿过"荒原"，遇到腓尼基人弗里巴斯，他，

> 一个死了两周的人，
> 忘了海鸥的鸣叫。

我了解也体验过的，有弗吉尼亚·伍尔夫《海浪》中的韵律与情绪，苔丝和裘德的悲剧以及勃朗特一家接二连三遭受的打击。伊莎贝尔的死，既是老故事的尾声，也

是新故事的序曲。在我们自己的国度里，浩瀚的海洋与奔腾的河流会为我们发声，我们也会"为自己发声"；在这里，在此刻，即便时间也最终驻足扎根，就在坎特伯雷平原之上，离皮克顿并不遥远，那里，

> 西北风在松林间窥探，
>
> 流水湍急，铁轨锈迹斑斑。

即便是铁轨也在发声，在远方它们融为细窄的远景，继而变成黑色线条，消失入虚空。

我们的悲恸与泪水再次跌入熟知的模式，日常之物变得最为刺目：未做完的针线活儿，夏裙未弄好的褶边，伊莎贝尔那件新"吉菲"外套[1]，一种当时流行的宽袖短大衣，还有出发去度假那天，她随意脱在卧室中间、至今仍在原地的白色夏鞋。此外，妈妈的假期也以悲剧告终，而发生的事儿像是完美的虚构，至于公平不公平，又有谁去考虑呢？无法想象妈妈心头的重压：女儿淹死了，还要认尸（这是她第二次认尸），还要带着官宣为"尸体"的女儿，踏上漫漫归程。

我们赶到奥马鲁火车站，在月台上等待从皮克顿驶来的列车。周围的人都知道情况，同情地看着爸爸、布鲁迪、琼和我。站台尽头，男卫生间旁的货物通道口，殡仪员在等，灵车背对着月台。为了迎接快车，书报亭和茶室都开门营业，柜台后女招待站成一排，静待旅客蜂拥而来，选购热馅饼、三明治、蛋糕和软饮料。也许

· · · · · · · ·

1　jiffy，一种上窄下宽的女式短大衣，衣袖短而宽，两个口袋很大。

并非人人皆知吧；新的旅客，陌生的人，有的刚到站，有的在等待，知道的内心泛着同情，不知道的漠然而过，两种心态在我们周遭涌动着；月台另一边，越过一溜溜老旧的货车与红色客车厢，那泛着岩石般灰绿色的，是波浪柔缓的夏之海，细浪抚着前滩的礁石，勾勒出一线柔和的白边。我眼睛看不到海，心却看得到，甚至能触到海水沫中的小气泡，感觉好像灰绿色的岩石突然间变得透明且流动起来。

我们听到机车工头办公室的电话响起，我心想也许是从普库里打来的，列车就快到站了。不知道猜对没有，只晓得每趟火车抵达前，那办公室的电话都会响，这是铁路上的传说。

烟雾与蒸汽腾起，耳隆中听到刹车之声，人们赶忙退后，生怕给"吸入车底"，这又是种对铁路传说的反应。就在这时，只见殡仪员将车倒过去，尽量靠近列车，接着，几个人从货车车厢里抬下一副棺材，发着暗银色的光，其实那是铅的颜色。

有人小声说："哦，是不让臭味散出来。"我不记得说话的人是谁，这样没心没肺的话，偏偏在这当口儿说出来，只有伊莎贝尔自己做得到！

妈妈从车上下来，迎接她的是拥抱和泪水，还有简短的言语：爸爸说"一切都安排好了"；我们说"怀塔基的威尔逊小姐来过家里"，话中带着某种欣喜，仿佛死亡促使我们从长计议：虽遭丧痛，却也获益，这仅是最初的报偿。

妈妈神情恍惚，眼里透着恐惧，宽边花式草帽下原本棕灰的头发，此时已变得灰白。

奥马鲁伊甸园街五十六号的客厅散发着苹果香气，虽然阴暗，却也足够宽敞；相比之下，柳谷的就颇为狭小，放不下棺木。而且，埋到山上也不现实，一则太远，二则太陡峭，棺材很难抬上去。因此，伊莎贝尔就停放在殡仪馆的小教堂内，下葬那天也是从那儿抬走的，参加葬礼的也只有爸妈和布鲁迪。也许，我的那段日子的某些记忆也在那儿，同她一起埋进了土里。

唁电与慰问信纷至沓来，我们也一一作复。殡葬费用详单寄到了，也如数付清。另有一张寄给伊莎贝尔的医生账单，是她晕厥时"泳池边的救治费"。慰问信中有约翰·福里斯特的一封，开头是"惊悉你与家人遭此丧亲剧痛，深感悲伤"，结尾道"你最为真诚的约翰·福里斯特"。那封信我一字不落地记得，因为其语言令我震惊，也因为，以冠冕堂皇的陈词滥调表达同情，我无法接受；而且，约翰·福里斯特竟会写这样的信，丝毫不见同理心，也令我无法接受。我感到，自以为拥为已有的语言世界背叛了我。我收到的不是慰问信，而是我嗤之以鼻的文字。我知道自己苛刻，也知道写这类信多纠结，但那又怎样！那年轻人亲切友好的话语哪里去了？他不是说，我的病是"内在灵魂的孤独"吗？

我并不知晓，约翰·福里斯特如此措辞大有深意：有几个女生都对他芳心暗许，他这是想逃避！

死亡完美地抹杀了存在，充满戏剧性；语言的效果亦差相仿佛。我觉得，伊莎贝尔和约翰·福里斯特均已消于无形。

　　每个家人都独自承受丧痛，因为伊莎贝尔与每人分享的，是她成长的不同方面。有很多年，"点点和小鸡"，也就是伊莎贝尔与琼形影不离，就像曾经的"布鲁迪和默特尔"，而我是中间那个孩子，随着年龄与兴趣的改变，不是加入这组，就是转向那组。后来布鲁迪得了病，再后来默特尔死了，我便孤身一人，直到伊莎贝尔与我搭对。再再后来，琼长大了，又和伊莎贝尔玩到一处，我又变成了孤家寡人。布鲁迪呢，除了小时候，就一直是形单影只。伊莎贝尔虽然死了，可她曾那般充满活力，要想抹掉她的存在，忘却她的看法，又谈何容易！着手清理她的"遗物"时，我们知道，若她看见自己最心爱的鞋子、短大衣、合身的"沙志曼"长袖衫给拉来扯去，定会暴跳如雷。有次她说："哪天我死了，你们拿我的衣服穿，我会从天上飞下来吓死你们。"飞下来？也许她相信有天堂？

　　姐姐默特尔十六岁去世时，没有在伊甸园街五十六号留下存在的印记，也许是因为那栋房子从不属于我们，随时有给"赶到大街上"的危险。而伊莎贝尔则不同，她热爱柳谷，因此并未真正离开。房子虽然不大，但屋内屋外有足够的空间容纳对她的记忆。果园、松林、银杨、柏木和五棵橡树间，小溪与那棵山楂树旁，接骨木丛和山楂树篱边，喜鹊、蟆口鸱和小鸮（据称会袭击比它小的鸟类，因此战时被称作"德国猫头鹰"）栖息的大果柏木下，山脚平缓地带阳光下静谧的金色草地上，到处都留下了她的身影。

死亡与下葬如今已非陌生的仪式，一切结束后，我决定按照原计划，去基督城生活工作。我一定要离开柳谷。家人心里想什么，我感觉得到："希望珍妮特别受太大影响。你知道的，她可是进过锡克利夫的人。"自打锡克利夫那六周后，但凡遇到"严肃"话题，家人便避而不谈，这刻意的保护令我生厌。而且，我害怕见外人，葬礼期间一有吊唁者上门，我便飞也似的逃回房间，妈妈随后赶来，站在门口，眼中透着迷惑与不满："你就不能出来吗？"

有时候，有人说好了要来，爸或妈便会问："w太太今儿下午过来，珍妮特会出来见一下吗？"

我躲起来独自悲伤，不愿给任何人"看"。自从住过院后，我发现，人家不仅要"看"，而且小心翼翼地"探查"。

我找来基督城的报纸，浏览其招工启事栏。提供住宿的岗位不多，不是在儿童福利院，就是在萨姆纳的聋哑学校，再就是意料之中的旅馆与膳宿公寓。我仔细研究了基督城及其郊区图，心里益发慌乱起来：那里的街道都好长，地名既陌生又不陌生，譬如林伍德、柏伍德（那里不是有家问题少女教养院吗？跟卡弗舍姆的工读学校差不多吧）、伯纳姆（那儿有绵延数英里的军队营房）、罗尔斯顿、坦普尔顿、霍恩比（"霍恩比"这名字我印象很深，每年圣诞节，布鲁迪都会喊着要买一辆霍恩比列车模型）。我想象基督城火车站蒸汽升腾，汽笛长鸣，人声喧嚣；来自各地的列车停在不同的铁轨上，车厢内的旅客熟睡着，头倚着白色枕头靠在车窗上，窗玻璃上的水珠向下流淌；有人用衣袖揩揩水汽，睡眼惺忪地瞅着外面，看到饮食店亮着黄色灯光，还有店外那一线隔板，上面散落着其他列车留下的垃圾：丢弃的蓝边火车专用纸杯碟，里面有喝过的残茶，湿黏的火腿三明治碎渣，还有烟蒂，不是德瑞兹克牌的，就是阿达兹牌的……

我在图上找到了凯克斯顿出版社所在的那条街。我的短篇小说集就是由他家负责出版。他们将我的小说《着陆》发表在一本新刊行的杂志上，署名简·戈弗雷，为的是致敬我的父母："简"是爸爸对我的称呼，"戈弗雷"是妈妈的娘家姓。我也找到了约翰·福里斯特的朋友 R 太太住的那片郊区。再就是那所大学，我有胆走近它吗？我发觉，一边是所有的梦想，另一边是狰狞可怖、不肯让步的现实，二者根本无法调和。

我先是收到一份聋哑学校的入职申请表，觉得他们想知道"太多关于我的事"。看到城里一家小旅馆招聘女佣兼女招待，我便去信应聘，还附上了推荐信中的几句话，"谈吐得体，对客人始终礼貌有加。诚实、勤快……"很快便获悉，这家名为"西方"的赛马旅馆的老板决定雇下我。

此时，早年与词汇及其意义结成的友谊再次浮现在脑海中。我"决定"，我有了"目的地"。

我再次搭乘列车，踏上旅程，一路向北，越过坎特伯雷平原，奔向基督城。

十四　亲爱的知识分子

无论丧失还是死亡，我都能泰然达观地面对一切：我还有写作，难道不是吗？此外，迫不得已的话，我还可以利用自己的精神分裂症活下去。我喜欢在那家旅馆工作，学会了赛马术语，也学会了驯马师、育马师、购马人和马主人的行话。这各色人等乃是旅馆的主要主顾，而我对每天千篇一律的工作甚感满意：准时上餐，下午五点端上酒吧午餐，抓住机会跟法国买家讲法语，当给问到有此"教育程度"，为何要做女招待时，心里泛起一丝优越感，通常回答道，"我在做私人研究"，因为尚不能且不准备说自己是"作家"。

下班后我独自坐在房间里，调整梳妆镜的角度，仔细查看我那口恐怖的烂牙，此前自尊心的小小胜利感黯然褪去。这口坏牙死缠着我，弄疼我，整张脸疼得突突直跳。我缩在被子里，将热水袋按在嘴上。我明白，实在受不了的话，就得赶紧去治。我也知道，公立医院补牙拔牙都免费，可我怎么从来没想过，自己能鼓起勇气预约医生？此外，每时每刻我都意识到那令人恐惧的虚无感，而不知何故，这座城市令此种感觉愈发强烈；平缓笔直的街道不见尽头，放眼望去，天地相接处不见山峦，远远的地平线处亦无海的踪影。我感到，城市与我身处一口巨井的底部，一圈井壁皆是天空，有谁能攀爬上天呢？人们到前门或后门朝外瞧时，他们盯着哪里？我孤独至深，若有山，便如有人在身边，能带来慰藉，可周围近处哪里有山啊。

在基督城安顿下来的几周后，我与约翰·福里斯特的朋友 R 太太约了见面，打算请她帮我约医生拔牙，再陪我去公立医院的牙科。我来到位于郊区的一片高档住宅区，找到她家那栋房子，按响了门铃。一位身着浅棕色衣服、棱角分明的高挑女人打开了房门。那一刻，我突然觉得无法讲明自己的痛苦；我紧紧抿着嘴戳在那儿，一个二十二岁风华正茂的姑娘，怎么看都不像有毛病，可我得再一次全力祭出"精神分裂症"，对于我自认能帮到我的人，这已是唯一能引其注意的办法。即便如此，我还是拖了好几周才跟她坦白，最让我着急的是那口烂牙。她很热心，帮我安排好到医院拔掉上排牙齿，说会陪我一道去，此外建议我以自愿寄宿者身份入住向阳脑科医院，该院有一种新型电治疗，她认为能帮到我。听了她的话，我便签署了相关材料。

我醒来时发现牙齿没了，住进了向阳医院，接受了新型电治疗，突然间，我的生活失去了焦点。我什么都想不起，心中充满恐惧，所作所为与周围的人别无二致。我学过精神病人的话，如今正说着这种语言，行为也演绎着这种语言。我感到深入骨髓的孤独，没有人可以交谈。如在其他精神病院一样，病人是给关起来的，得听话，否则，你知道会怎么样。我因无牙而自惭形秽，因失亲与悲悼而备受煎熬，茕茕孑立。琼很快就要嫁人，又会失去个妹妹，一切都令我感到，这世上并无我的立足之地。我想离开向阳医院，可又能去哪儿呢？我因失却的一切而悲伤：我的教师事业、我的过往、我的家（虽然知道，每次在家最多忍得了几周）、我的姐妹、我的朋友、我的牙齿，也就是说，我作为人的一切。仅余的唯有成为作家的渴望，去探索他人嗤之以鼻、目为怪诞的想法和意象；此外，还有我的抱负，虽然在旁人看来颇可质疑，不过是海市蜃楼罢了。我唯一获准写的，是给妹妹、父母和哥哥的家信，不过总要接受检查，有时甚至给扣下。记得有次给妹妹琼写信时，我确乎引用了弗吉尼亚·伍尔夫的话，说荆豆有股"花生酱的味道"。这句描写为检查信件的医生所质疑，断定是我"精神分裂"的例证。如今，虽未曾与医生沟通，也未曾接受过检查，我的病却已为官方判定为"精神分裂症"。我将自己诱入了陷阱，同时心里明白，陷阱也可以是避难所。

几个月的自愿期过后，院方宣布我正式成为住院病人，由此开始了前文提过的数年医院岁月。正如我所说，我描写的是真实事件、真实地点和真实人物，但不包括我自己，除了心中的惶恐之感；之所以惶恐，是因为囚禁我的人不断提醒说，我"一辈子都得待在那儿"。一年年过去了，诊断毫无改变，显然也无人质疑，就连正式交谈或检查都没有，这种困境令我束手无策。我住在孤独的领域，觉得它就像死者临终前的住所。最终逃离这领域重返人间的人，注定会带着独特的视角归来：它是噩梦，是财富，是终身拥有之物。有时我认为，它注定是这世上最犀利的视角，就其带来的狂喜与冷彻人心的揭示而言，比从毗邻古代神祇居所的爱的峰巅上看得更远。然而，回归人间这一行为，本身往往将此视角弃于大脑的储物间，即托马斯·比彻姆[1]所说的"眼睛背后两英寸处的那间房"。人们会记得它带来的财富以及对每个时刻造成的迈达斯效应[2]，有时也能在日常垃圾中看到闪光的东西。

此后的数年充满恐惧与忧伤，大多源于囚禁在医院中接受治疗，直到1954年最终得以出院。入院早期，曾有两三段时间，每段大约几周，院方允许我离院，可我又没别的住处，每次都只能回家，胆战心惊的，像待决的罪犯回到刽子手身旁。

第一次回奥马鲁时，我在《奥马鲁邮报》的招聘栏发了一条求职信息，署名为"知识分子"。我收到了三条回复，每条的称呼都是"亲爱的知识分子"。我挑了欧先生提供的工作，他妻子卧病在床，罹患的是过去所谓的"脊髓痨"。我在他家干了一个月，打扫房间，洗衣熨烫，照顾欧太太。她无言地躺着，深陷于疾病导致的肮脏邋遢中，而她的丈夫，即便是身体健康，且白天上班不在家，也带着妻子深陷重疾的痕迹：熨烫整齐的白衬衫汗迹斑斑，额头上总挂着汗珠。除了引我关注其身体状况，他们跟我的话并不多。

"我丈夫太爱出汗了。"欧太太对我讲。

"听医生说，她的病是渐进性的。"欧先生对我讲。

柳谷四周美景环抱，于此悠悠醒来时，心中满是欢喜；呼吸着清新的空气，穿过潮湿的草地，仿佛沐浴在阳光、蓝色和绿色中；抄近路，沿波光闪闪、鸭群喧闹的池塘，穿过奥马鲁花园，上坡后越过铁道，来到南山地势较低的位置，驻足片刻，放眼俯瞰城市与大海，一切都沉浸在清晨的美好之中。随后踏上欧先生家的小径，经过耧斗菜花丛来到前门，我会走进这栋房舍，里面的人给汗水与泪水漂成了灰色。我感到，柔和流淌的阳光与清晨渐渐干涸。欧太太的卧房竟然无法看到窗外的风景。一个巨大的黑色衣柜半遮着窗户，投下陡峭的阴影，状如扬起手臂的武士，意欲毁灭什么。

我离开了欧先生家。赚的钱不算少，我用它买了一整副上齿。我打算接受妹妹妹夫的邀请，去奥克兰他们家待段日子。

在奥克兰，我对任何事都极度敏感，陌生的一切，炎热的天气，知了、蟋蟀不歇的鸣叫，蚊子的叮咬。我首次体会到亚热带的光，一会儿耀目刺眼，一会儿躲到天堂般柔美的云朵后，就仿佛随时酝酿着风暴，令人感到压抑。时已近夏，满世界绽放着蓝色花朵，吸收着天空的蓝，几近于畅饮，到得傍晚时，已呈深蓝色，想是汲取过度的缘故。我感觉到虚无而空茫，似从未存在过一般，就算是存在过，如今也从地球上给抹去了。不知怎地，我跌入时间的罅隙中，我众多的感觉，究其缘由，均源于与任何人都无"接触"，没人能听我畅叙心曲。我仍是那个面带微笑的自己，我笑着，那副颇大的新假牙闪闪发亮。我聊聊这，聊聊那，都是些家长里短的事情。我写诗，却从不示人。一位亲戚发现我写的一个短篇，读过后斩钉截铁地说，我无论如何都成不了作家。有时，为了说明自己的真实感受，我使用了明喻、暗喻或意象，可甫一开口，便瞅见听者眼中露出尴尬之色：这个疯子又要说什么。

在向阳医院的头几周，我跟约翰·福里斯特通过信，可他明信片上给家人和朋友写信时用的粗黑字体，以及那句"亲爱的亲友们"，让我心里凉透了。回到奥马鲁的那段时间，听说他已结婚，我自然觉得自己已是外人，也就不再于信中随意敞开心扉，放弃了曾经"类似于"梵高和雨果·沃尔夫的笔触。曾经我那样畅谈自己的幻想，描写自己的行为。

我在妹妹妹夫家并不自在。他们和刚出生的儿子是紧密的一体，而我则尴尬地站在背景里，任何人唤我或看我时，因感到无所适从，我便愈发羞怯尴尬。妹妹的朋友们会问："她怎么样了？""她喜欢待在奥克兰吗？"这时，我变成了外人，在柳谷的家中如此，在奥克兰亦如此。有时候，仿佛我就像自己的讣告，人们会问："她以前啥样啊？"似乎站在他们面前的我，就是件发掘出的古董，得用眼、用心、用脑、用"碳测定"来命名我，确定我的年代，赋予我"位置"，可我又哪来的"位置"！凯克斯顿出版社同意出版我的短篇集，可那似乎是而且的确是多年前的事了，我早已想不起来。

我再也无法忍受这虚无感。我退回内心状态，也就是说，戴上一副面具，它令我能意识到周围的一切。在虚无空茫中，我认定，周围的一切人与物皆是虚无空茫的。这种状态下，我自然住进了位于埃文代尔的奥克兰精神病院，至少觉得那是我的"位置"，让我感到"自在"。我迅速融入了这个收留我的地方，再次流利地说着那里的语言。那里肮脏不堪，充斥着令人发指之事，简直无法描述。拥挤的日间休息室和放风场的许许多多场景我记忆犹新，若是重写《水中的面孔》，我会补充大量当时略去的东西，因为我不希望，一位前病人的记录显得过于戏剧化。记忆中的入院病区（是七号病区吗？）宛如沙漠绿洲，建有园林，种着垂柳，病房护士态度友善。人们做梦都想不到，其后称作"公园屋"的建筑物里，人很快变为或给改造为生活在那里的动物。

在那里度过的岁月充斥着悲剧，也常有幽默，而压倒一切的情绪，是永无天日，是彻底的绝望。

困于埃文代尔期间，我的短篇小说集《礁湖》问世了。那之前，我已转到入院病区。我身体瘦弱，身上长疮，耳朵流脓。"公园屋"的每个病人要么长了疮，要么四肢感染，即使每周都用涂过煤油的梳子梳头，还是有人长了虱子。那天，我正躺在入院病区的病床上，妹妹和妹夫送来出版社赠送的六册《礁湖》。在政府提供的白色床罩上我将书摆开，床罩上绣着新西兰国徽，上写"Ake, Ake, Onward, Onward"[1]的字样。我觉得这书外观很漂亮，灰蓝的图案像交织的野草草茎。我翻动书页，触摸着纸张轻微的颗粒感。

"书是拿到了，可我该做些什么呢？"我问道。

. . . .

1　新西兰国徽有各种设计，有的写着"New Zealand"的字样，有的写"Onward"。这里的字样设计据说出自无名设计师之手。

这种事儿他们比我懂，跟我说你是作者，该在作者名下方签上你的大名。

"真的吗？"我吃了一惊。

每一本我都签了名。我采纳了他们的建议，除自留一本外，其余送给了"应该送的人"。《礁湖及其他故事》。书名不是我，而是凯克斯顿出版社定的。

妹妹妹夫接下来要去南岛一趟，于是大家决定，一起回奥马鲁探亲。我和妹妹携两个幼儿坐飞机，妹夫开车从奥克兰出发，晚十天到达奥马鲁。

飞往奥马鲁的途中，要在基督城转机。等待期间，我脑子里还放不下那本书，便拿过一份基督城的《新闻报》，翻阅图书出版及评论页，看看"他们"如何评价我的新书。书评在那页靠底端的位置，压缩在五六行内，尽是些不以为然的言辞："这种题材早已写烂，太过常见……毫无新意……出版它纯属浪费时间。"当时的文学评论者认定，我们的文学业已"成年"，看到这么多作家书写童年便颇为尴尬。他们觉得，一个耽于书写童年的国度如何能算得成年？对"成熟"的渴望这般迫切，原因之一大约是，与表示成长之其他阶段的词语相比，"成熟"一词更合乎当时的风气。

读到《新闻报》的书评，我感到自己给人否定了，由此产生的屈辱感令我痛苦不堪，不知道我该属于哪里，倘若不能在写作的世界里活着，我能在哪里生存？这令我备受折磨。

妹妹携两个幼子回柳谷省亲，到头来却演变为一场灾难，这令我愈发看清了一些事情。显然，因为多年没能对小孩儿行使权威了，爸爸变得毫无节制，紧盯着两个小男孩儿，密切关注其一举一动，不对，准确地说，不许他们有所动作，除非他厉声发号施令"好，好"，而且还重拾早已不用的威胁，如"再搞我反手就是一巴掌""再弄一次我就活剥了你"。两个男孩儿一个三岁，一个才一岁半，正是什么都巴不得据为己有的年纪，无论是玩具还是他人的关注。大人们强烈的情感都聚焦在他们身上。人人注视着他们，仿佛在看展览品，对其谈论批评，警告斥责，品头论足，为其规划未来。爸爸盯着他们，就像以前盯着我们的猫，他难得让猫到厨房里玩，而我们则围拢在它们周围，笑吟吟地瞅着它们玩耍，直到爸爸这位司令官突然吼道，"够了！出去！"仿佛国王斥退弄臣。

猫会给抄起来，扔到寒冷的黑夜中。它们迷惑地喵喵叫着，我们从欢乐立时跌入失望和悲伤。

我与这个家格格不入，这谁都知道。眼见妈妈与妹妹亲密地谈论婚姻、床笫之事和生育问题，我感到屈辱难当，因为她从不敢与我聊此类事情。在后来的岁月里，妹妹有时会说起妈妈一些我从不知道的事儿，比如"默特尔出生那会儿……那时还没布鲁迪……"听到耳里，我感觉自己是遭妈妈无视的孩子。在我们家，无助与权威间争斗不休，人与人之间的亲密象征着最大的力量，仿佛每位家人不断挣扎着，穿过剥夺幸福的荒野，一边在荒芜中慢慢种下心爱的小花朵，一边禁不住对荒漠中尚未跟上的家人指点它们，描绘它们，因它们而感到欣悦。最终，人人心中都豁然开朗，明白其他家人面对不幸时，为何一言一行有时必须透着欢快，或者仔细衡量各自在苦难中跋涉的距离，判定谁赢谁输。

那年夏天没有寄给我的信。谁会给我写信呢？妹妹妹夫和两个哭闹的孩子飞回北方的家了。我再次成为弗雷姆家的疯姑娘，游荡在老磨坊周围的山上。我的猫茜吉喜欢走远道儿，总是跟着我。

我睡前屋，可以俯瞰下方的平地。

爸爸说："我不想你再离开家了。"他给我的书做了几个书架：我的《为我们自己发声》《新西兰诗选》《诗歌伦敦》《战时诗选》《死亡与入口》[1]及《荒原》，购于基督城的里尔克诗集《致俄耳甫斯的十四行诗》，琼和威尔逊在基督城送我的《莎士比亚全集》，还有其他一些书，包括我那册《礁湖》。爸爸给我钱，从霍奇斯家店子里买来些印花棉布，给我的房间做亮色窗帘，而妈妈则跑到考尔德·麦凯（"我们可是优质顾客"），给我买了一床新鸭绒被。

大家都在营造家庭氛围。

我也很知趣，聊起住院的那些年，只描述有趣的事儿以及模式化的病人，譬如自认为是耶稣基督、王后和女皇。

爸爸又买了一大批塞克斯顿·布莱克系列图书，说"珍妮特喜欢看侦探小说"。

妈妈和我琢磨出些菜谱，寄给《真相》杂志，其中一道"三文鱼奶油冻"得了头奖。

· · · · · · · · ·

1 狄兰·托马斯的诗集。

我房间窗外的小花园里，种着靠支撑杆支撑的紫菀、大丽花和康乃馨，那可是爸爸的宝贝。可即便如此，每次茜吉在大丽花丛中乱刨一气，或是从我卧室窗口一跃而下，扑到孱弱的康乃馨花茎上，爸爸都会忍着不发火。夜里它会穿窗而入，嗓子里咕噜咕噜着，蜷缩在我的脚头，我会坐起来，弯腰抚摸它毛茸茸的背，嘴里低语道："哦，茜吉呀，茜吉，我该怎么办？"

十五　穿针引线

该怎么办别人帮我定了。他们给我找了份工作，在奥马鲁公共医院当洗衣助理，每天关在洗衣房里，见到热气腾腾的湿床单从滚轮间冒出头来，便扯将出来折好，递给下一位助理。房内蒸汽氤氲，热得人双颊潮红，热汗淋漓。在机器的轰鸣中，对话通常仅是扯着嗓子喊出来的问题与回答，譬如"周六你去'苏格兰人'吗？""你来玛丽的送礼会吗？"待到茶歇时，话题便得以深入，比如那家每周开舞会的舞厅"苏格兰人"有多值得去，比如玛丽或者薇薇安或者诺琳的订婚送礼会该如何准备。我连最简单的问题都答不上来：来洗衣房前我在哪儿工作？以前有没跟谁"耍"？为什么不把头发拉直？我也有能跟她们聊的，比如《我丈夫的爱情》，一部每天早上十点钟收听的广播连续剧。此外，我还识得一两匹赛马，比如"掠夺酒吧"。我也知道很多歌儿，比如《多给我五分钟吧》：

就多给五分钟吧，

让我留下来，

留在你怀抱里。

整周我都梦想着周六约会。

就算在当时，这首歌都是老掉牙的，可我就是知道。我还知道奥塔戈与南地两地的橄榄球明星，比如特雷维森兄弟，还有评论员黄·麦肯齐。即便如此，我依然感到格格不入。（"哦，茜吉呀，茜吉，我该怎么办？"）

接下来，有一天夜里，大约半夜时分，妈妈突发心脏病。我醒过来，听到纷乱之声，让我回想起布鲁迪首次犯病的那夜，我们都醒了，面色苍白地站着，浑身抖个不停。

我紧张地站在房门口，这时布鲁迪走过来。如今，爸爸与他同我讲话时，会用一种新口吻，仿佛得用某种方式"管控"我，否则我会崩溃，或者做出什么特异反应，令他们无所适从。布鲁迪用这种口吻对我说：

"没事儿，没什么好担心的。妈妈发了心脏病，医生给她打了吗啡，这不正要送她去医院嘛。"

我抬眼望过去，看见妈妈躺在担架上正给抬出去，她好像睡着了，脸色陶瓷般白，灰白色长发散乱在白色枕头上。她睁开眼，说自己生病给家人添麻烦了，然后又闭上。爸爸和布鲁迪陪她去医院，而我则回屋睡觉。脚头那儿有处凹陷，茜吉刚在那儿趴过，它受了惊吓，跳窗逃掉了。我看着窗外，夜色中布满树影。我听到鹰鸮三点钟的叫声。在穹庐的边缘处，夜色已渐渐褪去。

我知道，此夜是那种巨变降临之夜，而巨变总是会发生的；这夜似乎是我家历史上的一个里程碑。

翙日清晨，一如多年前布鲁迪首次发病后的第一个清晨，醒来时我想起了生活中那些复杂可怖的变故。我多希望一切如故，妈妈安静本分，照顾他人；可现在不是这样了，妈妈终于发声了，因痛苦而发声。她要是死了呢？不，他们说不会，多休息就会好，不过以后她得多休息，多照顾自己，多被人照顾。

她暖和、安全地躺在医院里休养时，我能看到父亲脸上的悲哀。以前，无论何时进厨房，他都会问"妈妈在哪儿"，若是发现她不在，即便只是那一会儿，也许去了另一间屋，也许到外面晾衣服，他都会神色惊慌。如今她真的离家外出了，父亲的脸上便写满了失落与困惑。

早餐由我来负责。我给爸爸泡好那壶雷打不动的茶。在桌子属于他的那头儿，他佝偻着背陷在椅子里。然而，他从妈妈那儿索取的，要求她给予的悉心照料，我没能做到：茶要放糖，要搅拌，鞋要擦亮，背痒了要挠。我加热电熨斗，熨烫他的手帕和衬衫。他把蓝色工装泡在洗衣房大盆里，用根铜棍子捅戳。他还负责生火，去后门边棚屋的铁路煤堆上，一铲铲弄些煤块回厨房。

妈妈终于发声了，因痛苦而发声。煤炉炉火，热饭热菜，黑亮烤盘里一批批小圆饼，仆人般从早到晚照料家庭，这一切具有的魔力如今都消失了。

她怎敢病倒！赶紧把她还给我们，毫发无损，毫无痛苦地还给我们！

我在医院里见到了妈妈。正因为她戏剧性地完全脱离家庭，我才首次将她当作一个人来看待，这令我恐惧，令我愤愤不平。怎会这样？她竟然与街上遇到的人毫无不同。她会说会笑，不会因道出自己的想法而遭到奚落。你瞧她，在个小本子上写诗，还读给病友听，人家对她的才华赞不绝口。

"你妈诗写得真不赖啊！"

日复一日，年复一年，我们每个人都对她做了些什么?！我们磨洗掉她自我存在的证明，将她房间内的家具清空，用我们的自我与生活将之填充。或者说，那不是一间房，而是一座花园，我们清理掉其中的一切，将自己深深地扎根于那里。既然我们给清除掉了，她自己的花朵便再次绽放……果真如此吗？为儿子求医问药，两次认尸，女儿确诊患有精神病，懦弱的丈夫偶尔喝了酒才会坚强，这些命运的打击又该如何解释呢？

面对家庭的剧痛，我一如既往选择了逃离，再次住进锡克利夫医院，这在我已是轻车熟路。我一到那儿便发现，玩这种逃离法的日子已经一去不返了。我本可以去他处，独自生活，挣钱养活自己，写我的书，可这都没用，如今我已经有了所谓的"历史"，而对付有"历史"的人有现成的办法，无须深入调查。很快，在惶恐之中，我给送到了后部病区，关进那栋砖结构大楼，与里面的病友一样，成为被遗忘的人。妈妈康复后，每年圣诞节、我生日及其他一两个重要日子，她和爸爸及布鲁迪都会来探视。家人都接受了这个事实：我"一辈子"都得待在医院里了。通过伊丝蒂娜·马维特，我描写出因岁月流逝而感到的无助，反映了恒久的囚禁所催生的恐惧。我确乎是任人摆布，他们甚至没跟我详谈过，试着了解我，或者送我去心理医生那儿做常规检查，便武断地做出判断和决定。这应该属于强制监禁。

在后部病区，我成为令人难忘的大家庭中的一员，其中每个人我都在《水中的面孔》里描写过。让我挣扎着活下来的，是他们的悲哀、勇气和为其"发声"的欲望，也离不开护士们的理解。她们有的是护校见习生，有的是全职护士，比如毛利女人卡西迪和多尔蒂，现居加的夫的威尔士护士"塔菲"，饥饿时多给我些吃食的诺琳·拉姆塞以及其他一些人。不幸的是，管事儿的有权写报告，能够左右治疗，而他们一向只会斥责与惩罚，即便说要采取某种药物治疗，也是出于恐吓的目的；若不"合作"，便遭惩罚。"不合作"也许只是不听命令，不去没门的厕所与其他六个人一起当众小便，且因为不情愿而遭一旁的护士詈骂："也太娇气了点儿吧？好啊，知识分子小姐，在这儿你会学到点什么的。"

亲爱的知识分子，知识分子小姐：悲哀啊，就因为我读过高中，进过师范，读过大学，某些医护便咬牙切齿、怀恨在心。

到了这会儿，最终拯救我的是写作。写作当真救了我的命，因此，它成为我的生活方式，受到我的珍视，也就在情理之中。院方曾劝妈妈签署同意书，为我做脑白质切断术；我知道，若非专家祭出极有分量的说辞，妈妈断不会答应的。我所谓的"历史"不断积累的那些年，专家们问诊每次不超过十到十五分钟，八年总共也就约莫八十分钟。没给我做过检查，即便是基本的体检如心电图和 X 光都没有（除了新增肺结核病例时会做胸透，而在当时，这病在精神病院很常见）。专家依据护士的报告做出诊断，而后者常因超负荷工作而暴躁易怒。伯特医生人年轻，算得友好，一副劳累过度的样子，平时跟我讲话，也仅限于急匆匆穿过病区时那一声问候，"早上好，还好么"。有一天，他居然花时间跟我解释，说该做个脑白质切断术，会对我有好处的，做完便"很快能出院"。我默默听着，尽量避免给恐惧吞噬。病房护士听说医生要对我"做什么"，一下子来了兴趣，开始跟我描绘，等"一切结束后"我会变成什么样。我听着，感到这下我会给彻底抹除掉。

"我们有个病人，住院好多年，最后做了脑白质切断术。如今她在一家帽子店里当销售。我前几天还看见她，在那儿卖帽子呢，完全是个正常人嘛。你难道不想变正常？"

人人都觉得，我还是变"正常"好些，别净想着当作家，文化人的想法太不切实际，还是离开医院好些，找份普通工作，融入社会……

为了劝我，他们精心安排好一切。还在入院病区时，我跟一个年纪相仿的女孩儿成了朋友，我离开后，她一直待在那个人们嘴里的"好"病区。大家都在说，她就要做这个手术了。

"诺拉就要做这个手术了。"他们跟我说。

诺拉把头发拉直了，诺拉做了套派对礼服，诺拉就要开派对了。你也可以啊，为什么不呢？

诺拉患有哮喘病，此外，她家族的人都聪明漂亮，给了她巨大的精神压力。我无法确定她的"病情",只能说精神类药物广泛使用前,脑白质切断术成为最"省事儿"的疗法。

我得再次强调,是写作拯救了我。在病区办公室,我看到了"脑白质切断术等候者"名单,我名列其中,而别人的名字都打了勾,意味着已做完手术。一天晚上,医院主管布雷克·帕尔默医生很罕见地来到病区,我觉得,自己的"手术期"一定快到了。他竟然同我说话,众人皆感惊愕。

除了说客外,我头一次有机会跟人探讨手术,于是迫切地问:"帕尔默医生,您怎么看?"

他指了指手中的报纸。

"关于这个奖吗?"

我一脸迷惑。什么奖啊?"不,我说的是脑白质切断术。"我答道。

他一脸严肃地说:"我已经决定了,你就保持原样吧,我不想你有什么改变。"他翻开报纸说:"你看了今晚《星报》发刊前插入的最新消息吗?"

这个问题真荒唐,后部病区哪有什么读物,他难道不晓得?

"你荣获了'休伯特·彻奇奖'的最佳散文奖。就是那本《礁湖》。"

我根本不知道什么休伯特·彻奇奖。不过,得奖自然高兴喽。

我笑问道:"此话当真?"

"当然。我们准备让你搬离这个病区,而且,不用做手术。"

我不仅获了奖，而且还引起了一位新医生的关注。此人来自苏格兰，他不是通过我的"历史"或报告了解我，而是接受站在面前的我。布雷克·帕尔默医生安排我到前面办公室做"端茶小姐"，于是我在医院病区的时间减少了。他还准许我接受职业技能疗法，我学会了制作篮子，往牙膏管里填牙膏，参照一本法文书编织法式花边，大小两种织布机都用过。上述一切都在为我出院做准备。他们没扯着我去做脑白质切断术，而是认为我有些价值，把我当人看，尽管某些医护人员既担忧又不情愿。他们就像某些亲戚，看到小孩子得到关注，便告诫其母亲那孩子给"惯坏了"。看到我"给这般照顾"，也许是出于嫉妒，他们对我的前途并不乐观："这样下去会惯坏她的。布雷克·帕尔默医生会'放弃'她，看着吧，要不了多久，她又会给送回砖楼去。"

我的朋友诺拉很不幸，她没得奖，名字也没上报纸，因而做了手术，然后送回医院里，与一群所谓"脑白质切断术者"为伍。在那里，每个病人都受到特别关照，医护们继续努力，要让她们"恢复正常，或者至少有所好转"。有人陪"脑白质切断术者"聊天，带她们去散步，用花头巾遮盖剃光的头，用化妆品将她们打扮得靓丽些。她们沉默讷言，乖巧顺从，眼睛又大又黑，脸色苍白，皮肤潮润。她们正接受"再培训"，以便能"融入"日常生活。日常总被描绘成"外面的"，是"外面的世界"。医护工作节奏飞快，而且缺人手，加之"再培训"过程极为缓慢，对脑白质切断术者的关注和兴趣逐渐丧失，结果她们成为牺牲品；虚假的春天又变回凛冬。

最终我获准出院，而诺拉却留在那里，虽然也曾离院，但往往还是返回。之后很多年，我跟她都保持着联系，这就像是活在童话里，良知、曾经可能发生及的确发生的一切，不但会开口说话，而且会变得鲜活，成为活泼泼的同伴，提醒我不要忘记。

几年前，诺拉在睡梦中死去。剥夺人性的手段改变了她，所有认识她的人无疑都会铭记这桩惨事；它始终铭刻在我心头。

我出院了，但仍处于"观察期"。住院期间，我接受了二百余次未经改良的电休克治疗，就恐惧的程度而言，每次都不啻上刑场。在这个过程中，我的记忆撕裂成碎片，某些方面模糊不清，甚至完全丧失，后来又被迫接受建议，通过手术改变自我，成为一个正常人，更易控制，更能为人所接受。这番遭际之后，我回到了柳谷的家，表面上带着微笑，情绪安定，内心里自信尽失，终于相信，在世人眼里，我正式成为"非人"。我见过太多的精神分裂症患者，明白自己从未罹患此病，也早已认定，将来绝不会遭遇精神疾患的厄运。然而，我绝无可能维护自己，与"专家"和"世人"的定论相比，我的信念微不足道。想到若有一天重返医院会发生什么，我愈发不寒而栗。此外，有个问题依旧存在，倘若八九年前得以解决的话，兴许我便能自由自在追求想要的生活。解决它其实多么容易啊！只需一个属于自己的地方，可以生活写作，有足够的钱养活自己。

我还心惊胆战地意识到，写作的欲望和愉悦与天赋无关。难道没有可能，同在医院里见过的其他病人一样，我也是在自我欺骗？我尤其记得一位与世无争的年轻女子，日复一日，悄没声地坐在入院病区里写她的"书"，因为她想成为作家，可凑近了去瞧，书上一页页尽是铅笔写的 o-o-o-o-o-o-o-o。或许那是种新型的沟通方式？

尽管如此，回到柳谷的我还是满心雀跃，终于可以自由地走在天空之下，即便是最普通的人类行为，也可以坦然去做，不必受人命令，无需被人观察。想做什么，该去哪里，该如何感受，怎样考虑未来，都由自己决定。我童年时，决定与未来这两个词至关重要，如今，它们有了崭新的、更为强烈的意义。

我一度感到自己一无是处、无足轻重，事实亦是如此，无论是身体还是情感，都被迫处于持久的屈从状态。如今我觉得，这个世界会席卷我，吞没我，而我只能逆来顺受，依他人的建议和命令而行，因为在医院中，内心已生长出习惯性的恐惧。

啊，即便如此，游荡在山间是何等惬意啊，还有茜吉相伴，它已是多个孩子的母亲。我愉快地坐在马塔格力丛附近，身边围着吃草的绵羊，试图忘却一切，唯见卷云的线条利箭般划过高天，这图景我曾努力用 2B 铅笔描画过。我跟布鲁迪借了一顶小帐篷；我住院期间，他曾去新西兰及澳大利亚各地探险。我在松林中支起帐篷，我太需要与树为伴，以天为幕。夜里我就睡在帐篷里，白天便坐起来，在爸爸给我的铁路笔记本上写作。他一脸悲伤地匆匆将笔记本塞给我，想让一切都宛如往昔，那时，其他人都很渺小，而他是整个世界的国王。他已从铁路上退休，如今在石灰厂做机工，每天下班回到家，全身落满白色灰尘，仿佛从风雪中归来。

睡帐篷的日子没持续几天。心想睡在帐篷里不会……显得太奇怪吧……会有风言风语的……我放弃了这种做法，回到自己曾经的卧房。

当着我的面，人们会说："珍妮特又回来了，这可真好！""她怎么样了？要不要吃些甜酥饼？"

我办了新市立图书馆图书证，发现了威廉·福克纳和弗兰兹·卡夫卡，也重新发现了自己书架上仅剩的几本书。我开始写诗和短篇小说，同时也在考虑未来，却不用担心给恐惧吞噬，给捉回去遭受"治疗"却无法逃离。即便如此，睡梦中常常身陷医院，护士来带我去"接受治疗"，那种恐惧不依不饶地袭来，转醒时心惊胆战。

在达尼丁的斯莫克教授的精心治疗下，妈妈的健康状况有所好转。她定期去他诊所看病，也几次短暂入院治疗，每次都重新成为"人"，陪伴左右的不是家人，而是病友。虽说刚满六十，依然惦记着给女儿们购置白狐裘，为了丈夫孩子（我认为），生活却已耗光了她的气力。她仿佛全无自己的生活，宛如从大树上砍下的树枝，没有自己的根，给人插在开花植物旁，与其捆绑，承受盛行风的力量，风动则动，而受其保护的花木，仅因若隐若无的风而略微颤动。我心目中，妈妈的形象与她如今的模样奇特地结合起来：白发日渐稀疏，牙齿落光却从未镶过舒适的假牙，戈弗雷家的鹰钩鼻鼻尖指向戈弗雷家的下巴颏儿，或者如我们过去常说的"坎特伯雷大主教式"的下巴颏儿，老迈的身躯穿着在格拉森零售店买的套装（得知梅布尔·霍华德[1]也在格拉森买衣服她很是高兴），足蹬一双在麦克戴尔米兹赊账购买的宽体鞋，面容平静一如往昔，双眼时刻饱含期待，凡听到政治或个人事件，随时会迸发出幽默的火花。基督弟兄会聚会她已放弃，因为每次和平主义者们都争执不休，令她失望透顶。可即便如此，她依然是"基督弟兄会会员"，因为这个词意味着"爱基督者"。婚姻生活这许多年里，基督一直是她的密友。不过，她也没忘记儿时的玩伴，常常一一念叨：海蒂·匹克，鲁比·布雷克，凯特·罗德利，露西·马特拉，多卡斯·德莱顿。她也记得曾经的几位男友。爸爸在温德姆时的老友强尼·沃克退休后，与妻子一起搬来奥马鲁，面对他们妈妈很不自信，甚至无法亲切地称沃克太太为"贝西"。一种强烈的意识不断袭上我心头：妈妈从未在真正属于她的"地方"生活过，她的真实世界一直只在内心。

她眼神儿越来越糟。无论是给衬衫睡衣缝扣子，还是缝补"男人们"磨破的袖口，都不得不求人帮着穿针。我也坐着干针线活儿，手里的线头像只小长矛，唰的一下便穿过针鼻儿。"珍妮特，能帮我穿下针吗？"看到她这般无助，我立时心头火起，劈手夺过针穿好线，又快又准，就像打了一个闪，谁叫我才二十九岁呢！她的大

1　梅布尔·霍华德（Mabel Howard, 1894—1972）：出生于澳大利亚的新西兰女政治家，曾任新西兰卫生部长和国会议员。

姑子小姑子们都是顶呱呱的裁缝，可她偏不想干这行，况且这些年来，她也没空坐下来做女红。所以呢，我们几个女儿一早就自己做衣裳，至于好坏那是另说。我看到，拿起针线时她何等无助，那曾经敏锐的视力，留给了关涉心灵与精神的事物，留给了诗歌，留给了生火做饭，留给了观赏心爱的"自然"，而如今我感到，她的生命变得极度苍白，这致命的打击令我无法面对。此外我还意识到，自己绝不会跟她亲近，因为无论是我的过去还是未来，都会横亘在母女之间，构成阻绝亲近感的障碍。

再不能拖了，为了未来必须立刻行动。看到达尼丁格兰德酒店登广告招女佣，我便去信应聘，同时附上两封介绍信，一封是早年奥马鲁市长出具的，另一封来自卡弗舍姆区的普雷菲儿街，"对客人始终礼貌有加……诚实……勤快……"我再一次向着未来出发，搭南下的慢车奔赴达尼丁。

第二卷

寻找那根丝

与时间分离，如蚕离开丝

十六　格兰德酒店

我即将在达尼丁生活，这是中学毕业后的第三次。每次我与这城的关系都发生着变化。第一次变化发生在安顿后的头几个月里；如今，多年下来，饱经沧桑，变化也就自然而然，而这城算是一位老熟人了，也许是唯一的熟人。我经历了一个奇特的过程，许多东西给涤荡干净：最先褪去的，是身为大学生的那层表面光鲜；第二次生活在这座城市的日子里，我痛苦煎熬，发现了精神分裂症这种病，发现了音乐和英俊帅气的年轻男子，写故事，试图表现出诗人特有的疯癫，死死抓住业已破碎不堪的教书事业，漫无目的地游荡在利斯河畔，强加给自己"我是悲剧"的夸张想法，而这一切都已给抹去，消失无踪，同时带走了裘德与基督寺、吉卜赛大学生与牛津所代表的精神：

> 木桥上与我擦肩而过的难道不是你，
> 紧裹长袍冒雪踽踽独行，
> 脸冲着辛克西与它严冬中的山脊。
> 你已经爬到山上，
> 抵达卡姆那山脉白雪皑皑的隘口；

鹅毛大雪纷纷飘落，你回头张望

基督教堂大厅那一道节日的光——

也带走了所有曾在大学河畔及老旧灰砖建筑中做梦的人。

如今，我第三次来到达尼丁，大学与师院不再是我的世界，我没有自己的世界。现在看来，联盟街、弗里德里克街、宕达斯街以及先前周围的一切，就如同玩具街道和玩具建筑，只是先前的玩具人换成了新的玩具人，依旧聊着笑着，而话题并无改变。

出得火车站，我叫了辆出租车，赶往格兰德酒店。它高高地耸立在街角，木门漆色光鲜，黄铜门饰锃亮，宛如一家高档店铺。女经理在大厅里接见了我，此人虽派头十足，却略显醉态，她跟我解释说出了点差错，要招的不是女佣，而是女招待。

她说："这样的话，弗雷姆小姐，也许你想另谋高就？"我已将因擦伤而休眠的根须舒展开，她话音刚落便急着回答说，"跑堂我干过的，那就做女招待"，一边尽量克制心中的恐惧与沮丧。

"工钱每周六英镑，食宿全包（all found）。"

食宿全包。

真像是童谣中的叠歌：都跑掉，都找到（All gone, all found）。

我住顶层阁楼间，目光透过小窗，再越过楼顶边缘的女墙，便可眺见王子大街以及临街的牙科诊室和保险事务所。所有员工都住顶楼。

我穿件浆洗过的白色工作服，一双白鞋，戴一顶浆洗过的工作帽。我给分派负责一"片儿",也就是几张餐台,很快就学会了如何说话如何做事。我也学会了日常规矩,比如对女领班、经理和他妻子该分别采取何种态度(令我惊诧的是,他们与我在基督城认识的那帮人何其相似;直到后来我才明白,从事这种职业的人,从外貌到性情都颇为类同),比如厨房的一般运作,比如如何摆桌,如何把餐巾折成玫瑰状。我也学会了如何体察其他女招待的快乐:客人离开后心中泛起希望,盘子底下该是压着小费吧。哪些老主顾出手大方,人人心里都有数,都争着拉他们坐自己那"片儿"。不过,重要客人坐哪儿,是女领班多琳安排的,她也就顺势接管了那"片儿","战利品"最终便落入其口袋。她身材矮小,一头金发,一身黑色制服,唯有蕾丝领和袖口是白色的。眼见客人将盘子放到一边,女招待的心便揪了起来,猛看同伴两眼,然后若无其事地踱到桌前,小心翼翼地揭起盘子,将小费塞入口袋。看到客人就要离去,我心中便激动起来,然后,掩饰着心中炙热的贪欲,轻巧地拈起小费握在掌心,直到无人注意时,才偷偷塞进口袋,这一系列举动让我感到羞愧。

在格兰德酒店上班很是惬意。我喜欢身穿制服、餐巾搭在手臂上、在餐厅里往来走动的感觉。哪一桌点了什么我记得一清二楚,用过的餐盘也会叠放起来端走,为此我颇感自豪。员工可自由安排休息和工作时间,我常可以跟其他女招待换班,凑两三天的假,要么回趟柳谷的家,要么就待在酒店尽情放松一下,有安全的地方睡觉,享用可口的饭菜,还拿着每周六镑食宿全包的薪水。我买了一部二手打字机，开始写诗和短篇小说。我的两首诗《女招待》和《电梯工》发表在《倾听者》杂志上。我写了两篇评论，一篇论卡夫卡，另一篇谈阿尔玛三重奏[1]，此外还有一首题为《首次分期付款》的诗，是因为我一时头脑发热，踏进了分期付款的世界，购入了一部收音电唱两用机和一张贝多芬第七交响曲唱片。这部交响乐我在电台的音乐会节目中听过，如今可以在阁楼这个避难所里轻声播放了。伴着乐声，我翩翩起舞。对我而言，这舞蹈就是生命之舞，洋溢着特别的欢愉与自由；最后一个乐章那强烈的节奏，就像有谁挥舞着特为建造水晶宫而使用的水晶榔头，从大地与天堂的所有角落，空气与阳光流淌而来，在这没有墙垣的宫殿里穿梭。

离开这间避难所，女招待这份职业带给我的最初欢愉渐渐淡去。为了避开对我"过去"的探究，我跟所有人都说自己"真是个大学生"，"梦想着当作家"。我不觉得自己在这世上有"位置"，也不愿承认自己存在于任何地方。我沮丧地意识到，有人询问时，我往往表现得好似一位隐姓埋名的公主，暂时混迹于厨工群中；不过，不是当着众人面，只在有人来我房间时才会如此。她会跟我讨论男友问题，说倘若他有家室，自己该继续吗，要不还能有什么办法，是继续当招待，还是落个 T 或 M 小姐那样的结局？

接着她会问我："说说你吧，你在这儿干什么呀？"

1　阿尔玛三重奏（Alma Trio）：美国古典钢琴三重奏组合，成立于 1942 年。

我会说自己写过一本书，不过我手头一本《礁湖》都没有，其他女招待也就将信将疑。当时在医院里我的很多书都丢了，反正人家觉得我一辈子都出不去，跟死了无甚分别。于是，我便拿出《倾听者》上的《女招待》一诗给她们瞧，署名是我的姓名首字母缩写。

然而她们想要的，无非是拉我进她们的圈子，做什么都跟她们一道。

"瞧瞧你这头发，再瞧瞧这身衣服，可真是的。口红颜色也不对啊。选什么颜色可得当回事儿，得配你的红头发。千万别选红色，会不搭的。选就选绿色，还有棕色。要么蓝色也成，你眼睛是蓝色的呀。周六晚上跟我们去市政厅跳舞好不好？你干吗不把头发拉拉直？拉直了会好很多。"

许多年来我一直听命于他人，如有不从，便会遭到关禁闭或"做治疗"的威胁，还冠冕堂皇地称我"变得不肯合作"，于是，如今的我什么建议都肯接受。绿与棕就此成为我的颜色。我鼓起勇气跑到 D.I.C.[1] 的化妆品专柜，营业员用各色唇膏在我手背上试色，推荐了一款符合"我"色调的"丹祺"[2]。我还买了玫瑰护肤乳以及深蓝色瓶子的夜巴黎香水。见我像她们说的那样卖力地"捯饬自己"，人人都面露喜色地说："这下你可算开窍了。"

下班后，我们坐在一起瞎聊，什么衣服呀、头发

· · · · · · · ·

1 D.I.C.: 新西兰百货连锁商店，1884 年成立于达尼丁。

2 Tangee: 美国唇膏品牌。

呀、老板和他老婆呀，还扯同伴的八卦，说梅布尔如何花痴喽，劳拉如何"古怪"，谁信她那番鬼话，说什么和出租司机订了婚，那人边儿都不沾她！我心想，的确啊，谁会信呢？这世界不乏内心与之格格不入的人，梅布尔和劳拉只是其中两个，无人同情，也无人施以援手，她们从酒店漂到旅馆，再从旅馆晃到膳宿公寓，找一个临时居所，打一份工，"多少多少工钱食宿全包"。我觉得自己跟她们一样：她们还能到哪儿讨生活？

最初的欢欣最终在酒店厨房画上句号。给男客还是给女客上餐，这是有区别的，男客要上大份儿，比如点了鸡肉的话，得上鸡腿或鸡翅，而女客则上小份儿，从来都是鸡胸肉。因此，每次穿过弹簧门报出菜名时，我都得提高嗓门，快速报出"鸡肉，男士；鸡肉，女士；牛肉，男士；牛肉，女士"。我嗓音柔和，不喜欢大叫大嚷，而且觉得"男士"（gent）一词很倒胃口，于是便自作主张，改为"鸡肉，男的；牛肉，男的"，完全颠覆了格兰德酒店厨房的老规矩：居然说什么"鸡肉，男的"，这还得了！

二厨是个粗鲁的恶人，同我讲话不但冷嘲热讽，而且大为光火，说我的点餐一概不接，除非按规矩来。见我不肯就范，他便逼我一遍遍报菜名。就这么着，报菜名变成了折磨。有一天，我掉着眼泪从备餐室跑回阁楼房间，女招待帕特来房间瞧我时，我谎称身体不适。

我不知道该做什么，该去哪里，无处可以安顿。我强迫自己冷静下来。我有自由，不是吗？我没给关起来对吧？我真的自由吗？

当晚我就回到餐厅。

站在餐具柜旁迎候客人的时候，帕特小声跟我讲："别理莫莉，她就那样儿。客人今晚有些迟，我看呐，要很晚才能下班。不过要记着，千万别理她。"

帕特一头黑色卷发，身量高挑，梦想着有一天能北上，找家蛋糕店做经理，说不定买下来自己干。

她问我："明天晚上我们都去市政厅跳舞，你也一起来？"

此前，想到有备无患，我已从 D.I.C. 买来最新潮的"久光"布料，那会儿特流行，还有裁剪衣服的纸样，自己动手缝制跳舞服。当晚，帕特参观了我的圆筒喇叭裙，帮我弄了弄褶边。

"圆筒裙很难褶边的。"

帕特问："你真的要当作家吗？"

"我很想啊。"

"在厨房就别理莫莉那人。二厨都那副德行。大厨高高在上，二厨吆五喝六，具体的活计都是三厨的。我刚来时也特受不了。不瞒你说，我也曾经崩溃过。"

我忍不住哭了出来："我也进过精神病院的。"

第二天晚上，帕特、我及其他二人朝两个街区外的市政厅出发了。四人都身着足以迷死人的盛装，具体到我，是崭新的久光礼服，配圆筒喇叭裙和羊脚形袖子。

"住在酒店里，去哪儿走几步就到了，不是很棒吗？"

市政厅的舞会已经开始了，乐队正在演奏，撒了粉末的地板[1]上传来舞者拖曳舞步的沙沙声，不过时间尚早，舞者仅寥寥数人。一侧墙边站着一溜儿男人，而对面墙边站着一溜儿女人，一个个扭捏地等着男人邀舞，后者反复打量着她们，轻轻跳着扭着，脚半扣着地板，仿佛表演时的获奖公牛。

我和酒店的姑娘们坐在一起。她们一个接一个给人邀进了舞池。我依然坐在那儿，满怀喜悦与期待，随音乐的节奏点着头，脚打着拍子，好让朝我瞄来的人看到。我很期待跳上一曲，但也不想表现得太期待，别忘了自己还有尊严。可是，巴巴地等着人邀请，还能有多少尊严呢？

我有个秘密：这是我第一场舞会，当然是除了医院的舞会外；我在医院学会了不少舞步，还有两个忠实的舞伴，一个是中年秃顶男，足够做我父亲，另一个是年轻的退伍军人，英俊而忧郁，总以为自己仍在意大利参加二战。小时候，我总会为头一次的冒险经历而激动，迫切地想与人分享。如今，错过了正常生活该有的许多经历，他人早已尝试的"头一次"现在才光顾我，因而带来的只是羞耻感。还有就是，一度我曾热衷于阅读文学作品中关于第一次舞会的描写，包括凯瑟琳·曼斯菲尔德的那个短篇。可就连那故事的题目《她的第一次舞会》，到了我和妹妹们这里，都能给想歪了[2]，因为，伊莎贝尔常同青年农民搭伴去乡间的剪毛打包棚"蹦跶"，

· · · · · · · ·

1 舞池地板撒上粉末是为了舞者更好做出滑步。
2 英文舞会 ball 一词还有睾丸的意思。

138

那些人动不动就拿"农民舞会""羊毛工舞会"等打趣，伊莎贝尔一下子便洞悉了其中的含义，于是，谈到妈妈梦想中的维也纳之夜时，我们再也不用"舞会"一词了。

我的第一场舞会，这场合的确意义重大，空气中弥漫着汗腻腻的味道，嘈杂的交谈声不绝于耳，发亮的鼻子上沾染了灰尘。舞服腋窝处我缝了橡胶护垫，这会儿感到黏腻的橡胶贴着胳膊。我依旧坐着，耐心地等待，瞅着眼前的舞者，努力做出来这里只为看人跳舞的样子。哈，有跳麦克希纳舞[1]的，也有军人二步舞，还有，噢，还有命运舞（Destiny）。这些我都熟。来邀请我呀，邀请我呀。一个年纪大些的女人坐到我身边开口道：

"咱们可以上楼看啊，楼上看得更清楚。"

我向边上移了个座位。她以为她是谁，竟敢拿我跟她比，土里土气的，不会跳舞！就连"古怪"的劳拉都在跳。那边还有一溜儿男人谁也没邀呢。满心欢喜渐渐化成泡影，痛苦的本相暴露出来，那是令人压抑的失望和疼痛。我摆弄着崭新的晚装包，黑色包身上点缀着小亮片，熠熠闪光。哦，可惜了我的舞服，哦，可惜了闪光的小亮片！我啪地扭开包，瞅瞅我的蜜丝佛陀小粉盒与夜巴黎香水，然后合上，努力做出平静的样子，离开市政厅，进入八角广场，再沿王子大街一路走回格兰德酒店。一边播放着第七交响乐我一边想，够了，我尝试

. . . .

1　麦克希纳舞（Maxina）：一种常见的舞厅舞蹈，1917年引入英国。

139

在这世界中生活，可我失败了。舞会！我听到其他人很晚回来，泡了咖啡或茶，笑着，聊着，看来玩得很痛快。第二天早上她们问我："怎么样，喜欢跳舞吧？"我答道："真的很棒，不是吗？"

她们点头称是："跳得真开心啊。"

十七　布拉什先生和《着陆》

有时我会去现代书局翻翻书，那里是以前的合作图书社，我巴望着能瞅见达尼丁的或者打北边来的文学人物。如今，《为我们自己发声》里的故事我大多烂熟于胸，作者生平也一清二楚，还有那篇序言，同《新西兰诗选》的序一样，成为我了解新西兰文学的基础读本。每个论断我都毫不怀疑地接受：人家说哪首诗哪个故事写得"最棒"，我便深信不疑，在其中寻找证据时，也总能有所发现。很少有什么能让我想起1945年，这两本书便在其中。

我买了一册《着陆》，这本杂志读得我满怀敬畏：比如莫里斯·达根，他真是太前卫了，句子不用动词，甚至单个名词就成句，还会使用斜体；他笔下的新西兰我颇为陌生，大多是北方亚热带风光，暑热在书页上噼啪作响，老旧的栈桥朽烂着，红树林深深扎根在灰色的淤泥中，似乎描写红树令他颇为享受。见诸笔端的，还有卧室里的长发女郎，以及一切闪亮的事物，譬如树叶、皮肤和流水。这一切都在北方。

《着陆》中的诗晦涩难解，笔法工巧，诗节形式谨严，韵律节奏精细复杂，颇具学者风范，但偶尔也会出现异数，比如一首仅有六行的自由体诗。我觉得，作品若未发表在《着陆》上，便很难说自己是作家。

后来有一天，我看见查尔斯·布拉什站在柜台后卖书。竟然是诗人查尔斯·布拉什！我想到了：

> 为我们发声吧，宏大的海洋。
>
> 在黑夜中发声，催促
>
> 冰冻的心去倾听，催促
>
> 曾经的记忆被遗忘。
>
> 哦，发声吧，直到你的声音
>
> 占有夜晚，祝福
>
> 分离与恐惧的人们。

我买了本艾伦·库尔诺诗集，布拉什帮我包好书。我注意到，他目光中透出赞许之意。然后他问我："哦，你是珍妮特·弗雷姆吧？你现在住达尼丁？"

"我都来好几个月了，在格兰德酒店上班，就住酒店里。"

他显得有些不安，再次"哦"了一声。

然后他问我，是否愿意哪天下午去他那儿喝茶。

"当然。"

"那这周四如何？三点半？"

"好的，没问题啊。"

他给了我皇家露台他家的地址。他有诗人的眼睛、柔和的嗓音和浓密的黑发。《新西兰诗选》选了他几首诗，我都一一记得，诗中充满神秘感，叩问高山、大海和死者，却也悲哀地知道不会得到回答。

"那就周四见。记得哈，要是想给《着陆》投稿，随时都可以放在书店这儿。"

"好的。"我羞怯地笑道。

当晚我便告诉帕特和多琳，说周四要去一位诗人家喝下午茶。

"他可是咱们国家最棒的诗人之一了。"我说。

"那你穿什么去呢？"她们问道。

此前，我在摩登小姐的橱窗里看到一件绿色外套，想省钱买下来，可那要十英镑，我还没攒够。

"我没有外套啊。"我说。

"那就穿套头衫和裙子吧。还有，脖子不能显得光光的，得戴个什么。戴串珠子？珍珠会好些。你得弄串珍珠了。"

"说得好听，我到哪儿去弄珍珠啊？"

"那位诗人有钱吗？"她们问。

"听人说他挺有钱的。"

"好吧，你也没什么好担心的。不过要记得戴胸罩。"

第二天我便去了莫里街的时尚中心，营业员是个大块头女人，一身黑衣，脖子上围了根黑天鹅绒颈带，戴着伊瑟姑姑那样的珍珠耳坠，她带我进了试衣间。

"你是要低领的呢，还是要像花瓣那样翻开的？"

对这次下午茶别人不但关注，而且颇感兴趣，这令我有些尴尬。没多久这事儿就已尽人皆知，连电梯工都跟我提过。他也是个难融入社会的人，也有自己的伤心事儿，能生活工作在酒店里，就好比有了庇护所。在酒店环境里，这类人显得强大而自信，但若是给人在街上遇到，其脆弱与另类便一览无余。

星期四到了，隐隐有落雨的迹象。

有人说："他要是知道你没外套，说不定会送你一件的。"

我漫步上山，朝皇家露台走去。到得太早了，只好四处逛逛，俯瞰远处的海港和半岛，绿树掩映中，大学标志性建筑、博物馆、师范学校清晰可见，而联盟街底端的师范学院则模糊难辨。我朝欧沃尔公园望去，看到雨水洼和飞翔的海鸥，想起花园露台四号和伊瑟姑姑，她已经不住那儿了。舞赛得来的巧克力给偷吃光后，她没了寄托，便找到从前的舞蹈老师，他是她舞技的源头，二人谈起了恋爱，不久后便结了婚；我见过他们，坐着快车从我眼前"掠过"，一起笑着，很幸福的样子。他们那是要搬去芒阿基诺生活，住的房子带花园，但花园里没有树。

继而我望向卡弗舍姆区，忆起普雷菲儿街的那栋房子。我看不到它，帕科赛德养老院阴郁的轮廓挡住了视线。我又想起卡里斯布鲁克橄榄球场，记得评论员黄·麦肯齐介绍比赛双方为"铁路队"和"卡杰尔街队"，然后"嘭"，球进了！

我最终鼓起勇气，敲响了皇家露台的那扇门。布拉什先生跟我寒暄几句，然后带我走进一个大房间，满墙都是书。他端来茶和葛缕子蛋糕，那只叫威兹邦的白猫在一旁瞅着。我跟他讲,我妈妈曾为凯瑟琳·曼斯菲尔德的祖母比彻姆太太工作过,也为他本人的外祖父"菲尔斯先生"工作过。

"她还记得您和您妹妹。"我说。

布拉什先生显得很严肃。我觉得他不喜欢私人回忆,也不喜欢攀关系,可我又能说些什么呢?我脑袋里的货太少。他开始谈论新西兰文学,我始终默默听着,心想,他必定知道此前的八年我是在哪里度过的。我突然想哭。盘子上和脚下白色地毯上都有蛋糕屑,令我很是尴尬。突然,我想到《为我们自己发声》的序言,于是喃喃道出了关于书中短篇小说的一两个看法,而且还直接引用了原文。

"我赞同你的看法。"布拉什先生说。

交谈陷入沉默。布拉什先生给我添茶,那把茶壶很漂亮,有弧形的柳编提手。

瞧我瞥那壶,他便说:"我很喜欢这把壶。"

"我得走了。"我说。

"别忘了,写了短篇或诗的话,可以放在现代书局。"

"好的。"我怯声道。

布拉什先生打开门,突然吃惊地说:"哦,下雨了,你没穿外套啊。要不我拿件外套给你?"

"谢谢,不用了,路又不远。"

一回到格兰德酒店,同事们便来打探情况。我狡黠地说:"他主动提出给我件外套。"

众人听了不禁连连点头。

"不过,你还是该戴珍珠项链去的。"他们惋惜道。

那一周，我用打字机写了一个短篇和两首诗，准备投给《着陆》。那短篇题为《荆豆不是人》，讲的是我和一位病友在护士的陪同下去达尼丁的故事。在医院待了好几年，我都没什么衣服了，也许家人觉得，医院里的病人还不就是穿着睡衣躺床上；不过话又说回来，家里也没钱买衣服给我，我也不愿跟他们要。于是，院方便派一位护士陪我去达尼丁，由他们出钱，给我置办些内衣。另外，她还要处理另一位病人的事情，那姑娘就要过二十一岁生日，也就是要"成年"了。她叫琳达，人长得干瘪矮小，很小便住进医院了。据她自己说，之所以如此矮小，是因为她是"私生子"，妈妈不想让她长大。只有医护人员才知道她住院的真正原因。许多病人，包括我在内，都觉得她身量虽小，却是个人物，为人精明、意志顽强，无论是在"干净"的休息室，还是所谓"肮脏"的休息室内，都能令其中的许多病友俯首听命。她还掌握着收音机，听什么节目由她选。她盼二十一岁已经盼了好几个月，认为届时所有的梦想都会实现，而且很有把握二十一岁到来时她会订婚，或许真就结婚了，院方也会同意她"离开这个鬼地方"。为了订婚，她在医院商店买了个漂亮的蓝戒指；每周我们都会光顾那里，去花掉五先令的政府津贴。琳达笃定地认为，此番达尼丁之行关涉到即将到来的订婚和自由。

她激动的心情颇具感染力，这会是非常愉快的一天。蛋糕、冰激凌，也许看场电影，想想看，我们会坐在"真正的观众"中间。此外，同样没人给琳达送衣服，所以也要给她买条裙子，再买套内衣。

我的故事试图如实描写此次出行。护士跟我说，琳达并不知道去达尼丁的真正原因。她要去见地方法官，因为她二十一岁了，已经成年，后者将正式宣布，她将"终身"入院。

从达尼丁回来后，琳达依旧谈论着那个跟自己说话很"特别"的"好人"，说他本可以做她"未来的夫婿的，只是年龄太大了。不过，他知道我过了二十一岁生日，已经长大成人了。我给他看了订婚戒指，是'软宝石（saffirs）[1]'的"。

我投给《着陆》的两首诗笔法甚为笨拙，最好忘掉。《屠宰场》一诗这样写道：

> 进入屠宰场，头脑必须冷静得
> 不能再冷静，
> 必须清洗干净，以花洒的水冲刷
> 盐渍兽皮上粘牢的点点细菌般的思想，
> 必须在沉默中等待
> 振聋发聩的锤击之声，
> 对任何未来的重负毫无所察。

电休克治疗能将许多痛苦回忆从头脑这个家中赶走，但这只是有可能。然而可以确定的是，接受电休克治疗，便等于将其造成的痛苦回忆邀请进门，成为永久的住客。

．．．．．．．．

1 saffirs: 应该是 sapphire（蓝宝石），弗雷姆故意拼错，说明琳达发音有误，毕竟她精神有问题。

我将短篇和诗装在信封里，写好"查尔斯·布拉什"收，送到现代书局，然后返回格兰德酒店等回信。坐在房间里，我绞尽脑汁想象可能会有怎样的评价，想象查尔斯·布拉什在其满墙是书的房间里打开信封，拿出稿子，展开了边读边思索。"终于！这又是一位短篇小说家。我们真的是在'为我们自己发声'啊。瞧她多敏锐！瞧这暗示多微妙，没有一句不含蓄！火车离开基尔莫格时，护士不经意地提及荆豆，那一笔真精彩……能写成这样，这女人定是有过非同一般的经历（多么悲惨的经历）！她是一位天生的作家。"

不过，假如他觉得我的作品不够好呢？也许，他会像念学业报告那样说道："尚有提升空间，还未达到要求。"

自己的短篇居然没有抄录一份，以便反复阅读，我都做了些什么？

那周尚未结束，便有个鼓鼓囊囊的长信封寄到酒店，里面装着我的短篇小说和诗作。布拉什的评语是，作品很有趣，不过两首诗不大符合杂志风格，而短篇小说《荆豆不是人》"过于悲惨，不宜刊载"。

评论写在《着陆》杂志的信笺上，读着读着我意识到，为了给《着陆》投稿，为了作品能发表，我付出了多少，似乎将全部的生命和未来塞进了那个信封。此刻，我自觉陷入空荡的绝望。不能写作我能做什么？写作就是拯救。我感觉，仿佛自己紧扣着救生艇边缘的手指给硬生生掰开了。不过，这哀伤渐渐消逝，毕竟我知道，至少《倾听者》刊发了我的诗作。我回忆起住院的岁月，借此安慰自己；那时，我拼命要保住那本莎士比亚，把它藏在稻草床垫下，被没收后绞尽脑汁要弄回来，虽然较少阅读，只是翻动手纸般薄的书页，可不知怎地，这便将文字传达给我，令我吸收了《暴风雨》的精神力量。即便是在其满壁皆书的小房间内，普洛斯彼罗也饱受沉船和自我沉沦的折磨；除了借助风暴，他的岛屿无法到达。

那年，官方正式宣布，我已恢复"正常"。这来之不易的"正常"令我顿感自由，于是接受了妹妹妹夫的邀请，去奥克兰的诺斯克特与他们同住。我告别了格兰德酒店（"总是对客人笑脸相迎"），返回柳谷，为奥克兰之旅打点行装。

十八　照片与电热毯

到目前为止，我成年后的生活似乎是一系列旅程，是忽南忽北的舞蹈，往返于这片土地之上。如今，我为何要离开达尼丁？

官方的标签颇具权威：如今，我正式成为合法公民，具有选举和立遗嘱的资格。而且我认定，女招待这份工作不适合我。北上（充满魔力的"北上"）的话，肯定能只做女佣，从这个房间到那个房间，整理床铺，打扫灰尘，打蜡上光，只需一个人待着，可以想自己的心事，不必每天跟厨师们发生冲突。此外，虽然心底一再升起希望，作品未能在《着陆》上发表却敦促我，要清醒认识自己的写作，弄明白我的抱负是否只是"不切实际的幻想"。在布雷克·帕尔默医生对我的作品发生兴趣之前，人们普遍认为，我"最不该"从事写作，而应该"走出去，融入人群，忘掉写作这回事儿"。这些疑虑轻易便浮上心头，而我又不愿仔细加以琢磨，便转而规划起奥克兰之旅。

我用带回柳谷的钱给爸妈买了床电热毯，以抵御严寒的冬天，剩下的不但够买张去奥克兰的票，还足以支付在那儿几周的生活费。此外，便是去泰晤士街克拉克照相馆拍张照片。照片这事儿不能等，我得用它恢复身份，证明自己确乎存在着。对图书出版我当时挺无知，还以为所有书都印有作者照片。还记得《礁湖》送到医院时的感觉：连个能作证的照片都没有，怎能证明是我写的呢？

我本已隐没在医院中，再加上这事，似乎陡然跌入了死者行列，死者无须拍照；从刚满二十到年届三旬，岁月过得了无痕迹，仿佛从未有过我这个人。

记得小时候，我常常站在克拉克照相馆外，瞅着他们家玻璃柱后的照片。照片上，有钱上照相馆的奥马鲁人在庆贺生命中的大事，比如添丁之喜，比如婴儿学步，比如坚信礼，比如一排排身穿晚礼服初入社交圈的女孩儿，比如俱乐部会员重聚、家庭团聚，比如二十一岁生日照，比如订婚结婚照。这类照片勾勒出了完整的生命周期，除了死亡，而且，也除了复活。

回到柳谷的第一周，我去理发店"洗头兼拾掇头发"，理发师言之凿凿地说，若不经过专业拉直处理，我的头发无论如何都不会好看。在公爵夫人梳妆台上层，家里存放"宝贝"的地方，我翻找祖母给我的琥珀珠子，可却没寻见，仿佛跟我一道死去了。爸爸的参战奖章、身份牌和士兵津贴本都在，还有伊莎贝尔薄如蝉翼的胎膜，让我们觉得，她从未溺水身亡。

我穿着自己的旧套装，里面是件长袖衫，没戴那串珠子。照片洗出来，上面是个健康的年轻女性，明显戴着假牙，脸上是自得的笑容，还有戈弗雷家的下巴。这是一张清新的照片，实实在在。好的，我又活过来了。

我知道，买电热毯的目的，不仅是带给父母身体上的温暖。我知道二老希望我留在家里，离去让我感到良心不安，因为照理说，单身女人就该陪伴年迈的双亲。对我"应对"世界的能力他们心存疑虑，他们尊重医生的专业判断，唯恐写作会"耗费我的脑力"。电热毯的另一个目的，就是将"下面平地"阳光灿烂的世界带入这栋多数时间为冰霜所包围的房子。令我揪心的是，妈妈渴望地注视山下"平地"，将林间草地上的阳光几乎编织成那般圣经所承诺的梦想：终有一天，终有一天，梦会成真。想到她身染疾患，想到她也许大限不远，于是，听到、看到她周围的人（爸爸、哥哥和我）的所言所行，仿佛她是永可珍视的礼物，无法想象她撒手离开，我便真切地感到尖锐的疼痛。有时，过度的关注会变为恼怒：她怎能带有"彼世"的味道。我对她充满敌意，因为她打算离开我们，因为她显然已精疲力竭，还因为她笃信基督重临和死者复活，这让她内心有所期待，而这期待令她觉得，"在凉爽的傍晚下到平地上"近乎多余，仅需想想就感到幸福，而我却希望她真能去做，巴望看到她在日暮的松林里憩息。同时，我也清楚地看到爸爸瞥向妈妈时脸上的惧色，他无法承受她的离去。

我订了去奥克兰的车票。家人实在无法理解，我为何要离开柳谷，我也不想解释。创作时要是能有疾病补助就好了，抱着这样的希望，我写信给布雷克·帕尔默医生。然而，他的回复让希望化为泡影，说什么若是拿到补助，我或许就"不习惯工作了"。这就是体制内的人，思维如此肤浅，令我备感郁闷。更令我郁郁寡欢的是，想想强加给我的恐怖治疗，想想对我做出的种种决定，可曾有谁当我是人来了解。瞧，又是一个这样的决定！我寄给他两首诗作为回复，分别题为《风筝》和《在玻璃山里》，我特意选用了众所周知体现"精神分裂"的意象，譬如玻璃、镜子、映像以及玻璃将人与世界分隔的感觉，盼着他能明白我的用意。我觉得医院本该出力，帮助病人适应新生活。

离开家去奥克兰的那天，布鲁迪开着他的卡车送我去车站。我们互相道别。我说要不了多久就会回家看看的，别忘了让妈妈吃药。

行李中有两张在照相馆拍的照片，镶在斑驳的驼色相框里。

十九　在北方

又是一段漫长的旅程。越过坎特伯雷平原，跨过条条河流，怀塔基河，朗伊塔塔河 [1]，透过车窗瞅见远处拉凯阿河畔的桉树林，最后到达利特尔顿，旋即登上轮渡，那夜风平浪静。在佩托尼 [2] 下了轮渡，波莉姑姑和威尔姑父前来接我。

波莉姑姑开着崭新的蛙绿色汽车，在整个区兜了一圈，指给我看，这是威尔姑父工作的通用汽车厂，那边是哈特河 [3]，接着满怀骄傲地说，瞧那栋房子，住的是鲍勃·斯科特 [4]，全黑队的明星。

"他住得离我们不远，是本地人。"

除了是女人、身量较小外，波莉姑姑跟爸爸别无二致，双眸熠熠，思维敏捷，语速飞快，注重细节，追求完美。对自己与他人的衣着、举止和想法，波莉姑姑出了名地"挑剔"。在这个家族里，人人知道她最讲"礼仪"。她很少光顾我们奥马鲁的家，可每次来都是那句话，"你们得讲礼仪"，然后便列举出一大串家人、朋友和熟人的名字，说哪些人懂得礼仪，哪些人一窍不通，同时盛赞丈夫的孪生妹妹吉普茜，说论到礼仪，无出其右者。波莉姑姑走后，那周剩下的几天里，我们小孩子

· · · · · · · ·

1　朗伊塔塔河（Rangitata）：新西兰南岛中东部的河流，和北部的拉凯阿河一起将坎特伯雷平原分为北、中、南三个区域。

2　佩托尼（Petone）：新西兰惠灵顿下哈特的一个大郊区，坐落在惠灵顿港北岸的哈特谷的南端，毛利语的意思是"沙滩尽头"。欧洲人于1840年首次在此定居，使其成为惠灵顿地区最古老的欧洲定居点之一。

3　哈特河（Hutt River）：哈特河流经新西兰北岛南部。它从塔拉鲁阿山脉南部向西南流动五十六公里，形成了许多肥沃的洪泛平原，包括凯托克，上哈特中部和下哈特。

4　鲍勃·斯科特（Bob Scott, 1921—2012）：新西兰橄榄球联盟球员，曾代表1946年至1954年间的全黑队（All Black）。

会在自编的戏剧里学她："太太，您懂礼仪吗？……哦，礼仪一定要懂的。我就懂！"

谈起波莉姑姑时，妈妈语带宽容，亦有些许幽默："波莉自然是懂礼仪的喽。"

当晚我便搭乘火车，奔赴奥克兰。翌日清晨，列车猛地停下，震得我浑身骨头仿佛散了架，我觉得，该是到奥克兰了吧。突然间便又到了"北方"，空气与阳光透着蓝色，宛如天堂。

琼、威尔逊和三个孩子来接我，然后开车去他们在诺斯克特新建的房子。

抵达奥克兰才几天，我便找到份女佣的活儿，在特拉斯塔斯曼酒店，食宿全包。达尼丁格兰德酒店颇具家庭气氛，而这家酒店则不同，楼层多，房间也多，员工数量庞大，什么活计都透着紧迫感。员工餐厅总是人满为患。人们总是板着脸，说起话来很干脆，绝没多余的话。我给分派了一层楼，负责常规工作，比如整理床铺、清洁房间、打扫浴室和走廊，而我自己的迷你房间则在顶楼，那儿人称"众神之地"[1]。似乎一切顺利。很快我便发现，这层许多客人是飞行员和乘客，一大早乘泛美航班抵达，往往一直住到下午很晚。就在这样一个下午，本该早就打扫完毕，可我还在拼命地收拾床铺清理房间，不想给女管家撞到了，她撂下句狠话，说要是这般慢慢腾腾的，就赶快走人。我一下子就哭了，当晚就离开了特拉斯塔斯曼酒店。奥克兰才是真正的城市，是

1 英文是 Gods，可以理解为奥林匹斯山上的众神，也可指大楼最高层。

书中描写的严酷的城市。我逃也似的登上渡轮，横穿海港，来到灌木覆盖、从容温和的诺斯克特，再次住进妹妹夫家。

接下来的一周，我都在了解妹妹妹夫和几个孩子。琼告诉我，作家弗兰克·萨吉森[1]有天来家里做客，听说我是她姐姐，便表示若哪天我来奥克兰的话，他想见见我。

"你愿意见他吗？"他们问。

"哦不，我又不认识他。"

"我们带你去啊。他就住在塔卡普纳[2]海边的一栋老度假屋里。"

我有什么理由去见弗兰克·萨吉森吗？《为我们自己发声》我很熟，另外，在新西兰和英国版的《新写作》上，也读过他写的几个短篇。至于要不要见他，我很犹豫。

有天下午，他们带我去逛北海岸的几处景点，威尔逊冷不丁地说："弗兰克·萨吉森就住这附近，走，咱们去看看他。"

这次拜访时间很短。我能说些什么呢？我手足无措，就是个给妹妹妹夫载出来散心的"怪"姐姐。萨吉森先生是位胡子拉碴的老人，穿件寒酸的灰衬衫，灰裤子用根绳子系着，他和蔼地笑着问候我，我却什么也

. . . .

1　弗兰克·萨吉森（Frank Sargeson, 1903—1982）：新西兰的短篇小说作家和小说家，因将日常新西兰英语引入文学而受到赞誉。
2　塔卡普纳（Takapuna）：奥克兰市北部郊区，区南为肖尔湾及怀特玛塔港，作者妹妹琼一家所居住的诺斯克特在塔卡普纳西南部的海港北岸。

没说。他说花园里有个空置的军队小屋，欢迎我住到那儿写作。我没同意也没拒绝，一方面自己"精神"状态很糟，另一方面，我面对的，居然是这位著名作家本人，他主编的新西兰文学选集《为我们自己发声》备受读者钟爱，五十岁寿诞时，我还在一封联名贺信上签了名，虽然我不认识他，对其他签名者也一无所知。弗兰克·萨吉森。萨吉森先生。

他提议哪天我再来看他，一个人来就成。

"周五怎么样？"

"那好吧。"我怯怯地说。

就这样，周五那天我从诺斯克特出发，去萨吉森先生塔卡普纳的住所。那条路尚不具备路的样子，两旁的草地遍布低矮灌木和托依托依[1]，再往前则是长满红树林和本土灌木的沼泽地；居然有红树林！那是1954年暮春时节，我刚满三十岁。三十岁生日是该拍照留念的，按照诗歌传统，也该赋诗以记之。我记得狄兰·托马斯那句"这是我迈向天国的第三十个春秋"[2]；我思考他的死亡，同时努力想象自己二十岁到三十岁这段年华，仿佛我真在这世上生活过。人们正谈论码头工人罢工，谈论逍遥法外的谋杀犯，谈论麦卡锡主义，而这些我都不甚了了。我只知道普洛斯彼罗、卡利班、李尔王和译成英文的里尔克，以往的十年中，这些才是生活

1 托依托依（toetoe）：新西兰一种特有的本土草本植物，毛利人称为 toitoi。
2 原文是"It was my thirtieth year to heaven"，出自狄兰·托马斯诗作《十月献诗》，译文选自海岸、傅浩、鲁萌译：《狄兰·托马斯诗选》，石家庄：河北教育出版社，2002年，第141页。

中的亮点。

绕过那片本土灌木丛，我踏上通往萨吉森先生家的路，经过一条条以英国诗人命名的街道，譬如丁尼生路；那边该是弥尔顿大街吧？

终于到达埃斯蒙德路十四号，沿着高高树篱间的甬道绕到后门，拨开柠檬树与房子间晾晒的衣物，上前去敲门。

萨吉森先生在家，他打开门，笑容有些紧张，像对孩子般说道："进来，进来。"

我走进客厅，萨吉森先生转到木质餐台后，倚在那儿站着。

"你走了好长一段路吧。"

"大约有三英里。"

"要不要到床上躺一躺？"

本来我就害怕，这下更是朝门挪了挪，随时准备逃跑，嘴里一边拘谨地说："不用了，谢谢。"

"以前，罗宾·海德[1]每次来都会躺下的。她总是一瘸一拐地过来，然后一头栽倒在那张床上。"

"哦？"

"你读过她的书吗？"

"听倒是听说过，不过就读过几首诗。"

我读过评论她最后一部长篇小说的文章，说书中充满了"不切实际的幻想"，但这事儿我没有提。那段评

---

1 罗宾·海德（Robin Hyde, 1906—1939）：出生于南非的新西兰诗人、新闻记者和小说家，本名是艾瑞斯·吉弗·威尔金森（Iris Guiver Wilkinson）。

语一直盘旋在脑海里，提醒我如果写长篇的话，评论者大约会说些什么。这话究竟何意？幻想要以实际为基础吗？对此领域我甚感兴趣，究其原因，虽然从未栖于无可救药的幻想中，但却认识一些人，对其而言幻想乃是其自身的"实际基础"。因此，他们是自由的，然而却不受待见。

接下来，萨吉森先生跟我聊起《礁湖及其他故事》，我惴惴不安地听着。他将《羊之日》选入《牛津新西兰短篇小说选集》，我实难苟同。

"你有《牛津选集》吗？"他问道。我没有。他立刻找出自己那本，签上名递给我。

他问我接下来有何写作计划。

"还不清楚呢。"我心存戒备地说。

"有没有考虑过搬到这儿来，就住在那间小屋里工作？在这儿你可以随心所欲地创作。住在郊区，与尿片及资产阶级生活为伍，对你没什么好处。"

上次听到"资产阶级"这个词，还是历史课上讲法国大革命的时候，至于它如今有何含义，我心里没底。

"那我也得找份工作啊。"我说。

"为什么啊？你是作家。"

我诧异地笑了笑："是吗？我申请疾病津贴，人家却给否了。"

萨吉森先生立时面现怒容："关你在医院那么多年，还这样？别急，我有个好朋友，很有同情心，八成能帮你争取一份津贴，那样的话，你就可以安心写作了。"

"当真？"

我一下子懵了，脸羞得发烧，真的有人愿意保护我？我说每周要付他食宿费，如果他答应，便接受邀请，住过来在小屋里写作。虽然他一口回绝，但最终还是同意了，每周收取一英镑的费用。他收入挺低的。他的作品问世那会儿广受关注，掀起过一波出版热，如今热度已退，书都已绝版，当下正是最缺钱的时候。

那天下午，他和我都神经紧绷。临走时我说，周末琼和威尔逊会送我过来，还有我的"东西"：两箱衣物和书籍，以及在格兰德酒店时使用的雷明顿打字机。我隐隐有种感觉，他这番邀请说不定能救我的命。我的未来本是一片黑暗，住在一个家里，却感到格格不入，感到自己是多余的，妹妹妹夫一家似乎是陌生人。对自己的"位置"，或者说缺乏位置，以及官方下的判断，我都极端敏感，安全感每天都给撕碎，因为孩子们会好奇地问：她是谁呀？为什么不住自己家？她的孩子在哪儿啊？吃饭时为什么不跟我们坐一起？之所以不愿与人一起吃饭，概因此前在医院的遭际，曾有一次，尽管我甚为惧怕拥挤的大餐间，照样被揪着头发拖到桌边；女舍监与工作人员监视着我们，任何举动都要恭候命令，收走餐刀、等待漫长的点名时我浑身紧绷。通常我都独自就餐，把自己弄成自己最讨厌的样子，一个怪胎。再就是，妹妹妹夫有很多朋友，有时会来家里玩。我像根石柱子般戳在一旁，听他们礼貌地询问："她好些了吗？病情可有改善？"

我搬到萨吉森先生的住处，带去了自己的"东西"，包括一条铁锈色裙子，暗绿色两件套毛衣，以及那件暗绿色大衣，就是在达尼丁的"摩登小姐"看中的，最终到底买了下来。之所以选择暗绿、棕色和黄色，一是受制于脑袋里的条条框框，什么选色要谨遵色轮的规定，不违反师院艺术课所教的原则，二是跟自己的发色有关。老师说，基色及夸张的亮色都"不好"，而我挑选的几种应该是"好"的。一直以来，对于服装、颜色和形状，人们都不厌其烦地进行道德评判，将"好"与"品味"相关联，与体现"优越"的诸种概念紧密结合。

于是我笃定地认为，自己的衣着"颇具品味"。当时的我，就是一个极度唯唯诺诺的女人，一个俯首听命的女人，人家说东，我绝不往西，以至于到了儿，还是给自己买了件紧身衣或者叫束身衣，因为格兰德酒店的女人们，以及住奥克兰的妹妹都跟我讲，我穿裙装时臀部很显，而在那个年代，臀部是没有"显"的自由的。我的自由只在内心，在思想和语言中，大多给小心隐藏起来，只在写作中有所透漏。与人交谈时，我只说些可有可无的闲话，自然是为了不让人家觉得我"古怪"或"脑子有病"。

然而，一到萨吉森先生家，想到将像个作家般生活，有地方工作，可以独处，不必为钱发愁，有个笃信我是作家的人一同吃饭、相互陪伴，什么颜色、"好"颜色和"不好"的颜色都变得微不足道，对卷曲头发的不懈建言、对穿裙时臀部很显的抱怨，都变得模糊而遥远。我的军队小屋里支着一张床，摆着张配了煤油灯的固定书桌，还有个正脸儿挂着旧布帘的小衣橱，地板上铺着灯芯草垫，床头附近有一扇小窗。萨吉森先生（我还没胆量直呼弗兰克）已帮我弄妥了医疗证明，拿到了每周三镑的津贴，他自己的收入也只这么多。这一来，我便获得了渴望和需要的一切，心里却也泛起惆怅，为何耗费那么多年才得到这些？

二十　萨吉森先生和军队小屋

萨吉森先生有着严格的生活工作规律，我也依样照做，只是无法改变黎明即起立刻穿衣的习惯。锡克利夫砖楼病房里没有暖气，夜里，外衣给扎成捆放在门外，黎明时分才会扔进来。空气、地板以及高处安了栅栏的小窗上锈迹斑斑的铁网都散发着冰霜的凛冽气息，天花板上小铁笼里的灯蒙着一层雾气。

他七点半才起床，八点用早餐，似乎我要等上几个小时，才能鼓起勇气，拿着夜壶和换洗衣物去房子那儿，等他起床穿衣。一般情况下我独自吃早饭，喝杯隔夜发酵的酵母饮料，吃块涂了蜂蜜的家制凝乳，再就是面包、蜂蜜和茶。若是萨吉森先生坐在餐台对面与我共进早餐，我常会叽里呱啦地闲聊一阵。我来了还不到一周，他就特地指出来："吃早饭时你可真是个话痨。"

他说的意思我领会到了，后来便绝不再做"话痨"。不过，直到每天能有规律地写作时我才明白，形成、掌握、维护内心世界何等重要：明白每天醒来时它如何得以更新，即便在睡梦中它如何依旧存在，像头野兽等在门外伺机而入，其形式与力量又如何在周遭的静寂中得到最好的呵护。更多了解到作家的生活后，给叫作"话痨"所受的伤害便渐渐淡去。

有天午饭时他问我："你这些天写什么呢？"

我很吃惊，同时心存感激，他居然认为，我是每天规律写作的作家，尤其是我尚未动笔写计划中的长篇小说，而为了急于做出创作的样子，某些早上我用打字机写诸如"敏捷的棕色狐狸跳过懒狗的身体"[1]"是时候叫所有好心人给这派对帮把手"[2]这类句子，还有以前写不出来时的最爱，"这就是原始森林，松树低语，铁杉发声，用郁郁寡欢的音调，回答森林的悲鸣"[3]。

"哦，"我神秘地说，"我计划写一部长篇，不过这会儿在写别的东西。"

"别的东西"指的是诗和短篇，有些投给了《倾听者》，不过有篇回忆拉凯阿的退了稿，之后也就不大愿意再投了。听说对发在学校通讯上的作品，教育部付的稿酬"很是丰厚"，我便写了两个短篇，而且都发表了。我写了一篇题为《煤炭》的小说，讲的是男病人像辕马般拉着煤车车把，从一个病区拉到另一个病区，后来为了运输"现代化"，改用货车拉煤，那些在车把中间干活的男人，曾经构成了医院内随处可见的狄更斯式悲惨画面中的一幅，如今枯坐在日间休息室，关在那里无所事事。

· · · · · · · · ·

1　The quick brown fox jumps over the lazy dog：这是一个著名的英语全字母句，常被用于测试字体的显示效果和键盘有没有故障。

2　Now is the time for all good men to come to the aid of the party：这是一个著名的打字练习。

3　出自美国诗人朗费罗的长诗《伊凡吉琳》。

我还写了个叫《电热毯》的短篇，探讨可以给予人温暖的方法。

"有没有什么作品可以让我读啊？"

我吃了一惊。我不习惯以作品示人，除非是为了出版而提交给编辑。对最新写的《电热毯》我暗自得意，于是便轻率地拿给了萨吉森先生。

那天下午，我没按萨吉森先生的习惯，待在小屋里休息、读书，而是到塔卡普纳街头闲逛。我坐在海滩上，眺望朗伊托托岛；奥克兰人都觉得，那座岛属于他们，说无论从何方向看，它的形状都堪称完美，就好像是他们亲自帮着设计建造的。他们会说："瞧啊，那儿是朗伊托托岛。"我则想，这就是查尔斯·布拉什诗里描写的岛：

> 荆豆的粗粝令黄色的崖边暗沉，
> 花朵殷红的树木探出绝壁
> 将影子投向下方的海湾。

跟许多人我都没打过交道，我只在内心了解他们。奥克兰人热切地强调，朗伊托托岛属于他们，我觉得倒是挺可爱的。

我拿不准，萨吉森先生是否在读那个短篇。他会不会想，"哦，真不错，结尾很棒"？虽抱着希望，我却颇为谨慎。自己读这篇小说时，它席卷而过，有种终结的宿命感，仿佛拨动了那根该拨的琴弦。不过我也清楚，其结构太过松散，甚至可以说，中间部分塌了下去。哦，但愿有人以火之利闪将它钉于天空之上！

我回到海边度假屋。他出去买了些东西，此刻正准备晚餐，做一道西班牙海鲜饭。这道菜那阵儿很受欢迎，因为他有很多朋友刚去过西班牙，而他恰好喜欢烹制地中海餐。我的小说就在餐台上，挨着一串去年的红辣椒。我特意不盯着它瞧。他读过了吗？尽管强压着自己的希望，我却敢肯定，走进房间的那一刻他会说："我读了你的小说，很不错，祝贺你！"

他倒了两杯心仪的莱莫拉葡萄酒，我坐到他对面的木质高凳上，二人各自啜饮着。

他开口道："你的小说我读过了。"他拿起那几页纸，扫了一眼，朗声念道："每天早晨她起床（rose）……"然后严厉地盯着我。"起床（rose）？升到天堂去，是吧？为什么不能简单点儿，就说'她起床（she got up）'。绝不要用 rose 这个词。[1]"

我懊悔地听着，意识到那个 rose 是不可原谅的。

萨吉森先生接着说："能写成这样挺不错的了。"一阵失望的情绪袭上心头，我暗下决心，再也不让他看我的短篇了，而且我真的说到做到，后来只给他看过我那部长篇小说的开头。

"若要写长篇的话，"萨吉森先生说，"就必须好好规划。"

接着他说，自己总会给人物列张表。他回忆起童年的自己，当时想要写本书，便拿过《艾凡赫》一页页抄，还天真地以为自己在写书呢。这事儿给他妈妈发现了，

. . . .

1　rose（rise 的过去式）与 got up 在此情境下都有"起床"的意思，但前者也可表示"升起"。

163

便严肃地教导他，抄别人的作品是犯罪行为。此前他还以为，书籍属于每个人，进出每个人的脑袋，因此任何人都可以抄写下任何一本书，从而成为作家。

生活在军队小屋的头几个月令人难忘。我渐渐习惯了叫他弗兰克，与他分享彼此生活的点滴，分享想法与感觉，讨论读过的书，晚上下棋（这是跟他学的），听他跟许多赴晚餐的友人聊天。最重要的是，我们拥有同样的工作方式，在他的鼓励下，我学着每天做规划。对医院的恐惧以及种种噩梦般的经历依旧不肯放过我。刚刚摆脱恫吓的我，羞怯地到了令人绝望的程度。弗兰克人很好，一直保护我。直到很后来，写了很多本书的我才意识到，为了我，他放弃了一部分写作时间，这无疑是巨大的牺牲，但他却心甘情愿。我还意识到，与其写作相伴的，是天生的保护欲，每次保护一位友人，无论是老、是病还是残疾，也许都另有两三人在排队等候。

他提问题讲求技巧，而且会穷追不舍。跟他细讲我受过怎样的正规教育时，他会略带失望地说："原来你根本就不是野蛮人啊！"

他会满怀激情地谈起自己的早年生活、亲爱的叔叔以及怀卡托的农场，也会说到穿越欧洲之旅，给我展示收集的明信片，一边喃喃道，"再也见不到那些地方了，都过去了"，眼中及脸上流露出狂热的向往，近乎因往昔已逝而造成的巨大痛苦；我心有所感，几乎潸然泪下。

他所有的谈话中有种对女性的怀疑，有时甚至是仇恨，因为她们与男人截然不同，每当他陷入这种情绪，准备深入探究的时候，我便浑身不自在，心里像是压了块石头，毕竟我是女人，而他说的是我的同类。性方面我懵懂无知，只朦胧间有些觉醒，对诸如同性恋这类话题闻所未闻，他言谈中隐含着对女性身体的否定，每次听到我都深受伤害。对我而言，与萨吉森相处的这段日子是禁欲的生活，是苦行僧般献祭给写作的生活，我的确获得了成长，但本质上，我并非真正的苦行僧。在医院时，他们认为有必要改造我的头脑，后来出了精神病院，却又住进一间疯人院，那儿的人希望我的身体另具性别，这让我感到悲哀。谈到男人和女同性恋时，弗兰克宽容而和善，可我二者皆非。如今的我视弗兰克·萨吉森为救世主，心中那种既忧郁又渴望且命运已定的感觉，迫使我认识到，众神已经道明，这一切无可改变。

我获得了想要的生活，作为交换，却失去了女人的自尊。我也获得了快乐，结识了一位比自己棒的作家，一个伟大的人，此外还认识了他的朋友们。总会有位友人"旅经"惠灵顿或南岛，抑或是自海外归来，甚至是经过港口从奥克兰来，其中有些是年轻人，带来一页页打出的诗稿，那是他们第一批收获，有些是老相识，都是他挚爱的朋友，无论男女，不论年龄。朋友们来来去去，成为谈资和八卦的对象，他们的过去、现在和未来，那些精心挑选的闪光时刻，被嵌入交谈的过程中。在这个世界里，外表无足轻重，我的头发、衣着和裙子下很显的臀部，终于不再遭受无休止的评说。

时机终于成熟了。我买来练习本、打字纸（弗兰克说绿色的对眼睛最好）和打字带，动笔写作我的长篇。

二十一　谈论宝藏

伟大的宝藏境遇悲惨、不为人识的画面反复光顾我的脑海，促使我虚构出一个人的童年时代、家庭生活、医院生活，以我熟悉的人为基础塑造主要人物，同时凭空创造次要角色。我将达芙妮刻画为一个敏感、诗意、脆弱的人，希望她能赋予人物内心世界以深度，同时也希望，至少从个人角度出发，能更为清晰地感受外部世界。其他人物同样来自虚构，用以表达我的"认识"之不同方面，例如"小鸡"极端物质主义的世界观，托比的困惑，弗朗茜庸俗的本质，含辛茹苦的双亲（他们是最接近我父母的人物）。故事发生在小镇 W，出版商后来改为怀玛鲁。（小说出版后，我惊讶地发现，人们竟以为它具有自传性，其中人物就是我的家人，而我自己就是做了大脑手术的达芙妮。有位读了书的医生非要向我求证，我只好指给他看，我两侧太阳穴上没有脑白质切断术留下的疤痕。渴望成为作家的大有人在，但不是谁都会采取如此骇人却极具说服力的方式，展示自己小说纯属虚构的证据。达芙妮同我很像，但我绝不似她那般脆弱，陷入幻想，出离"现实"；我一直坚强务实，日常生活中甚至安于平凡。）

自传写作中，上面所说的"未来"会无可避免地闯入，尤其是告别童年后，存在之圈充满了时间、空间及他人的生活，与你自己分离开来，变得清晰可见。写作过程也许很简单，就好似铺设从过去到现在的一条铁路干线，外加深入四周荒野的支线，而真实的形状，那基本的形状，却始终是一个圆圈，其形成只是为了一而再再而三地打破和重塑。

每天早饭后，我回到小屋写作长篇。弗兰克建议列出人物表，我却并不以为然。不过，动手打字前，已在练习本上写下些想法和主题，还有小说每部分的名称，因为我觉得书是个整体。我用尺子在练习本上画个表格，填上天数、日期、希望完成的页数、页码，此外还另留出空间，记录无法按时完成的原因。每天我都用红笔记下完成的页数。

我始终意识到弗兰克的存在，留意按日常规律，此刻他应该在做什么。他负责家务，开始工作前，总有些活计要忙。我常听到他在花园里，穿过沙沙作响的灌木丛，去侍弄栽种的植物，比如尚未结果的番茄或辣椒。在干活之前，他会靠着屋子东墙，赤裸上身晒半个小时太阳。他曾患肺结核，常谈起胸口的伤疤，说它需要涂油和阳光，这就跟绿色一样，有利于身体健康。

他吱嘎窸窣的脚步声在我的圣殿旁响起时，我便感知到危险。那是他在触摸或折断一根猕猴桃乱长的藤蔓，抑或是玩性大发，将雄花的花粉抖落在雌花上，因为觉着蜜蜂或风没有尽责，而满脑子空想这一天写作的我，便赶忙坐到打字机前，随手打出"敏捷的棕色狐狸跳过懒狗的身体"。有旁人在场，我的想法一般都会冻结。只有当弗兰克回屋工作后，我才能平静下来，不间断地敲出文字，直至听见度假屋的门打开，高草丛中传来沙沙的脚步声，继而门上一声轻叩，弗兰克温和的声音响起："珍妮特，要不要喝茶？"他会将茶点放到写字台上，目光避开打字机上空白的纸页，然后退出去，穿过高草回屋子去。听到度假屋的门关上了，我便抓过那盏十一点钟的茶和涂了蜂蜜的黑麦华夫饼，好似我已饥肠辘辘。吃喝已毕便继续工作，直到度假屋再次传来动静。弗兰克打开门，取回邮件，然后传来刮擦声和叮当声，说明他在准备午饭。一点整，草丛里再次响起窸窣声，继而便是敲门声同他温和的嗓音："我做了午饭，珍妮特。"

我再一次好似全然饿坏，兴冲冲赶去度假屋吃午饭。通常，弗兰克要么手捧着书，要么将书摊在餐台上，我们面对面坐下，吃着煎蛋、煮蛋或奶酪，配黑麦面包。他会选书中的段落大声朗读，谈论写得如何，而我则边吃边听，他说的我都信、都接受，对他的智慧大为赞叹。我崇拜他，也敬畏他。如今，我对权威或"管事"的人有着根深蒂固的恐惧，因此深感需要他的肯定。他比我大二十岁，我觉得他就是个老人。他自知深谙世情，认定什么便毫不动摇，与他相比，我的头脑和品味都微不足道。他的口吻让我明白，工人阶级是"好的"，而我就属于"工人阶级"。周末我大多在妹妹妹夫家过；谈到这对夫妻，他一再说他们就是资产阶级，听到这话，我也再次惊叹，他竟然使用这类似乎早已过时的词语。弗兰克有本事将每个人都归属于一个"阶级"。

午饭后，他会躺到靠窗的床上"小睡"一会儿，而我则小心翼翼，不敢打破日常规律，要么休息，要么读书写作，要么去塔卡普纳转悠。到了三点钟，弗兰克会醒来，我们又会喝茶，吃涂了蜂蜜的黑麦华夫饼。然后，他将帆布包甩上肩头，出去买晚饭食材。通常呢，我们与朋友们共进晚餐，最常来的是新婚燕尔的卡尔·斯特德和凯·斯特德，前者是奥克兰大学学生，写诗，也写短篇小说，后者是图书馆员。二人浑身散发着青春与爱的金色光彩，同弗兰克一样被我列为崇拜对象。他们才华横溢，长相俊美，重情重义，令弗兰克深感愉快。他常常闷闷不乐，不仅因为频遭作家们忽视，也因为自己的作品均已绝版。费尔伯恩据说疾病缠身，R. A. K. 梅森杳然无声，而 A. P. 盖斯凯尔则不知所终。作家写了本获得盛赞的作品后便销声匿迹，总会令人感到悲哀，觉得哪里不对劲。不是说要为我们自己发声吗?! 宣告沉默着实令人沮丧。同时，看到我似乎写得轻松，他颇感压抑。他哪里知道，有多少时候我被迫让敏捷的棕色狐狸跳过懒狗的身体，让所有好心人都来派对帮忙，有多少时候我坐在"原始森林"里沉思默想，而"松树低语，铁杉发声"，"用郁郁寡欢的音调，回答森林的悲鸣"。

卡尔和凯的友谊充实了我的生活，让我终于对自己的年龄有了清晰的概念。此前我一直觉得，失去了那么多岁月后，我无法确定自己的"真实"年龄。卡尔和凯的年轻衬出我的老，而弗兰克的老让我觉得年轻。我还不到三十一岁啊！

我的写作以阅读为伴，有好多书要读啊。

"读过普鲁斯特吗?"弗兰克问。

"没有。"

他有个习惯，兴奋或焦虑时，胳膊和腿会突然乱动，就像在跳舞。听到我的回答，他兴奋地"舞"起来，忙不迭将普鲁斯特带入我的生活。我对此公完全无知，甚至连名字都念错了，不过记得在达尼丁时有人曾说："这就像普鲁斯特书中的场景。"

我开始阅读普鲁斯特，起初只是应付差事，但也被弗兰克的热情所感染。夜里坐在小屋的煤油灯下，火焰的影子摇曳在书页上。小说第一句那般简洁，令我着迷，"有很长一段时间，我会早早上床就寝"，很快我便沉入普鲁斯特的世界不能自拔。每天，弗兰克与我都会讨论我读到的精彩之处。

"《战争与和平》你自然是读过的。"

我没读过。

"是时候再读一遍《战争与和平》了。"弗兰克说，这话再次令我感到震惊，他能将作家生活安排得如此井井有条（别忘了，也许他是第一位生活在新西兰的职业作家，是遥远世界里那些魂灵的学徒）。这就像一位会计师说"我得仔细看看以前的财务数据"。一位作家抛却眼前的琐事，重读经典，重寻灵感，对不朽的真理与美发出惊叹；也许不是每个作家都会如此，但弗兰克就是这么做的。

前不久，罗伊·帕森斯[1]送了他一套《战争与和平》。买不起的书这人都会送，条件是为《帕森斯书讯》写书评。书借给了我，他自己重读的是以前那套，因为字体

<hr />

1 罗伊·乔治·帕森斯（Roy George Parsons, 1909—1991）：新西兰的书商，出生于英国肯特郡。

较大。弗兰克向来明白视力宝贵，对付疤痕要抹油晒太阳，"对眼睛好"也需要找些营养，那就吃胡萝卜喽。此外，打字得用绿纸，台灯得用绿罩。他还像网球手那样戴副眼罩。听了他建议，我也给自己买了一副。

我们共同经历了《战争与和平》中的诸多事件。每一页我都有所发现，这让他兴奋不已，拉住我一起讨论，分析人物行为与情感。午饭时他会热切地问："你读到哪儿了？"

《战争与和平》读完后，接着便是《安娜·卡列尼娜》《复活》和短篇小说。托尔斯泰住进了奥克兰塔卡普纳埃斯蒙德路十四号，而且同时住在度假屋和破旧的军队小屋里。他笔下的人物生活在那儿，就在那间房里。在那里，屋角的床垫塌陷、毛毯破烂，高高的书架上排满书籍，卷起扎紧、业已泛黄的手稿搁在最上层，壁炉边堆着夜晚生火用的曼努卡木柴，壁炉架上摆放着明信片、信件和小雕塑，墙上挂着油画，比如《切尔西的蔗糖货轮》，书架间是张固定书桌，以前当桌子用，如今堆满发黄的《泰晤士报文学副刊》《新政治家》及其他杂志，头顶的电灯罩着方形的绿布灯罩，边缘已褪色泛白；还是在那间房里，我们用餐的餐台未上油漆久经磨损，橱柜洗碗槽外，还有个装了热水罐的橱柜，次日早餐的奶冻当晚便用它保温，屋角有个不大的阿特拉斯炉，军队样式的锡制厨具，单只、一对或三只白色杯子，其中两只没有柄，一台硕大的木壳收音机，弗兰克说是"鲍

. . . .

1 奥克兰切尔西糖厂的产品装袋后会运往奥克兰港装船外运。

勃·吉尔伯特"制作的，到隔壁小浴室上厕所前，他会小心翼翼地打开它（他为人谦逊，不喜张扬，不过说起荤段子，那叫一个精彩）。

托尔斯泰的所有人物都在那间房里生活过，其中某些死去了。那间房的窗正对度假屋前的忍冬树篱，夜里，靠着窗玻璃会摆一排涂了色的油画布，但夜空仍然依稀可见，白天的蝉鸣与夜间蟋蟀的歌声常常持续数月。

蚊子从路尽头的灌木沼泽蜂拥而来，它们也在歌唱。

《伊凡·伊里奇之死》我们留在最后。听我说从未读过，弗兰克深感震惊。

"这可是伟大的经典。"

我接过那本内有丝绸书签带的深蓝色小书，拿回小屋去读。第二天晚上，我们聊起伊凡·伊里奇和死亡。

承认一部文学作品伟大，便会获得一种自由，就仿佛将渴望珍藏之物赠予他人，其后便能腾出新空间以利成长，隐秘的太阳下，崭新的季节汹涌而至。承认任何艺术品伟大，就好似坠入爱河，自觉御风而行，任何衰落、毁灭和死亡都居于内心，而非降临在爱人身上，这便是爱上不朽，它意味着自由，意味着在天堂翱翔。

我会情不自禁满怀爱意地忆起住在埃斯蒙德路的那些日子。讨论《战争与和平》时，我坐在高凳上，隔着餐台面对弗兰克，那场景如今历历在目。讨论着讨论着，不知不觉我们就出离了埃斯蒙德路，要么随皮埃尔亲历战争，直视拿破仑的面孔；要么站在那棵执拗的老橡树旁，它总是最后才向季节低头，春天迟迟发芽，秋冬最晚落叶[1]；再要么候在老伯爵[2]床边，他虽奄奄一息，却同那棵橡树一样，执拗地抗拒着季节。

我们还读了奥丽芙·施赖纳[3]的《一个非洲庄园的故事》，结果沉浸其中不能自拔，二人分别成了瓦尔多和波拿巴·布兰金斯。将我变成男性伙伴弗兰克办不到，但至少可以给我取"瓦尔多"这个男孩名字。

我有两件在格兰德酒店工作时购置的物品，一是收音电唱机，二是贝多芬第七交响曲唱片。刚来时，我立刻感觉到弗兰克不大喜欢它们，认为是"奢侈品"："需要音乐的话，要么干脆记在脑子里，要么直接去听音乐会。"不过，收音机不在"谴责"之列。我信了弗兰克的话，觉得收音电唱机、照相机和磁带录音机全无必要，甚至代表着资本主义，因此颇感羞愧，随即便将收音电唱机藏进衣橱，用条旧裙子盖上。然而有天晚上，卡尔和凯带来两张唱片，一张是《小夜曲》，另一张是大卫·奥伊斯特拉赫[4]演奏的贝多芬小提琴协奏曲。弗兰克见状便说："可以用珍妮特的收音电唱机来放。"这下可算是让他接受了。如今，我依然记得那个房间，墙板与木地板光秃秃的，每周六上午，弗兰克会用拖把蘸着亚

· · · · · · · ·

1　指的是《战争与和平》中安德烈在树林中看到的那棵老橡树，"只有它对春天的魅力不愿屈服，既不愿看见春天，也不愿看见太阳"。这句话引自刘辽逸译：《战争与和平》，北京：人民文学出版社，2014 年。

2　应该指的是皮埃尔的父亲别祖霍夫伯爵，皮埃尔是其私生子。

3　奥丽芙·施赖纳（Olive Schreiner, 1855—1920）：南非作家、反战运动家和著名公共知识分子，其小说《一个非洲庄园的故事》至今广受赞誉。

4　大卫·奥伊斯特拉赫（David Oistrach, 1908—1974）：出生于乌克兰敖德萨的俄罗斯小提琴学派大师。

麻油刷一遍，用他的话说，"这样灰尘就不会扬起来"；屋里还有几张带木扶手的帆布椅，照他的话讲，"是再舒服不过的那种了"。那间屋子不但挤满了《战争与和平》《安娜·卡列尼娜》、托尔斯泰和契诃夫短篇小说中的所有人物，还将普鲁斯特、福楼拜、奥丽芙·施赖纳、多丽丝·莱辛等人作品中的人物容纳进来。此刻，我们聆听之际，它又在接收莫扎特和贝多芬的音乐。我们忍不住又听了一遍。接下来，卡尔和弗兰克开始讨论叶芝。卡尔朗读了《航往拜占庭》和《驯兽的逃逸》，而我是读"老"的叶芝作品，即叶芝"年轻"时的作品长大的，譬如"若我有天国的锦缎"[1]和《湖岛因尼斯弗里》。我听他念着，沉浸在词语与音乐之中。记得当时我背诵了一首烂熟于胸的诗，狄兰·托马斯的《葬礼之后》，接着大家便一起讨论"高视阔步的羊齿草在黑色窗台上播下种子"[2]这行诗的含义。

当晚躺在床上，借着煤油灯的光，我翻阅弗兰克那本《叶芝诗选》：

> 我们曾用幻想把心供奉，
>
> 心变得野蛮，皆因这伙食；
>
> 我们的敌意比爱意之中
>
> 有更多实质；啊，蜜蜂，
>
> 来，筑巢在燕雀的空房里。[3]

. . . .

1 此乃叶芝诗作《他希冀天国的锦缎》的首句。

2 此乃《葬礼之后》的末句。

3 此乃叶芝组诗《内战期间的沉思》中的第六首《我窗边的燕雀巢》的末节，傅浩译，石家庄：河北教育出版社，2002年，第490页。

三十一岁生日前两周，《谈论宝藏》最终完成。照弗兰克教的办法，我用带子将打字稿捆扎好，连同福克纳的《寓言》一起带上，因为答应了给《帕森斯书讯》写书评。我要回家，回奥马鲁和柳谷待两周。

二十二　凉夜松林

南岛的春天姗姗未至，白霜依然覆盖着草地，据说高地上仍会下雪，人们为新生羊羔恐惧忧虑，每天的报纸拿出更多版面，刊登常见于冬日的亲爱的祖父母之死讯。柳谷果园里覆满地衣的果木吐出花蕾，花蕾慢慢变鼓，绽放出花朵来，山楂树已是一片灿烂的白，空荡荡的鸡舍旁，合欢树招摇着一派金色。

子孙满堂的茜吉带着只兔宝宝过来问候我，小家伙一下子就蹦进隔壁草地里，居然毫发无损。茜吉的孩子玛蒂尔达还是只小猫时，伊莎贝尔与我刚接触心理学，便拿它来试手，想弄清楚其"自卑情结"。这次回家我发现，她死在蜂群熙攘的黑加仑花丛下，身体冻得硬邦邦的。每次回到柳谷，首先便要去"户外"探索一番。爬上屋后的土坡进入梨树林，积年落叶与果实沤成的肥土粘到鞋底，走在潮湿的小路上，脚下不停打滑。我漫步到溪边，又来到沼泽旁，继而光顾了果园树下的蒲公英花丛，接着逛到"山下平地"的松林间，触摸嗅闻着粘在树干上如粒粒珍珠般的松脂。当初一直视伊甸园街五十六号为自己的家，可后来被"赶了"出来，一段时间焦急地找寻"住所"，这番遭际令柳谷等同于天堂。它虽非人，却能容纳蜂拥而至的爱，非但没有垮掉，而且欣欣向荣。

我知道，偶尔回家的我盼望的是阳光灿烂，因此，目睹家庭的严冬，无论屋外如何繁花似锦，我都难以忍受。妈妈瘦了很多，显然健康每况愈下，却不肯承认自己有病。她一如既往满怀憧憬，在披屋前梨树果叶催肥的土地上，开辟了一个小菜园，成功种活了一丛香葱，这点事便令她欢喜不已。虽然内心始终充满欢欣和惊奇，她却极少表达自己的愿望，即使说出，也极少得到满足，因此，那香葱对她而言便是件大事，因为有了它，便能从容而幸福地抵达下一个快乐，"用新鲜面包和大量黄油做成的香葱三明治"。一直担心她会撒手离去，如今又见她一反常态，去满足个人愿望，爸爸眼中流露恐惧，却只好以嘲弄来掩饰："你妈还种了香葱呢，就她！"我一向知道，爸爸"内""外"有别，他真可怜，无法以贴切的语言表达情感，所说所做均出于慌乱，难免不近情理。

爸爸真给子女做了个好榜样！眼见妈妈的死无可避免，我同样感到憎恨。无助无望之下，我常对她措辞严厉，求她吃药休息，不要不停地生火做饭照顾人，求她"傍晚凉爽时到山下平地享受一下落日余晖"，这不是她梦寐以求的吗？初中时我就上过烹饪课，老师教的都没忘，后来一有机会便下厨，因此厨艺相当不错，然而，见到别人做饭烤蛋糕，妈妈的自信心便遭到瓦解。（曾给人说"不是管家的好手"，她至今耿耿于怀。）要是我烤了面包、小蛋糕，或是做了道"拿手菜"，她立刻便拿出

"她的"面包，"她的"蛋糕，"她的"拿手菜，摆明要在厨房里与我分庭抗礼，令我既感可爱，又觉压抑，只好撤回我的面粉奏鸣曲。

这次回家期间，我选了《谈论宝藏》的片段读给妈妈听，但凡有提母亲艾米·威瑟斯之死的，我自然尽数避开，只念"不涉悲伤仅谈快乐"的段落。妈妈对我很有信心，直说"写得好"。她和爸爸更关心"那位萨吉森先生"，可听说"他是个老头子，很有名的作家"，二人似乎觉得"不出所料"。对于女儿的"人生大事"，他们已不抱希望，毕竟待在精神病院那么多年。然而，家中访客常狡黠地问我："找到你的真命天子了吗？""真命天子"，这也太老掉牙了吧，如今是维多利亚时代吗？

我也抽时间陪爸爸去码头钓鱼，如同儿时一样，心中充满惊奇和感激。小时候，我们一起填字谜，一起读侦探小说，他会跟我聊起童年轶事，叙说奥马鲁的航海人物。海风吹着，码头上很冷，泛着白沫的绿色浊浪拍打冲刷着港口内侧的旧木桩，爸爸就在那儿静候鳕鱼咬钩，我则朝北而坐，面对大海，看石灰色的纯净海水拍击礁石。我们钓到了猫鲨和一条普通鳕鱼，再以它们为饵去钓蓝鳕鱼。我对钓鱼很无所谓，珍惜的是与爸爸独处的机会。垂钓时他沉默无语，只在对付上钩的鱼时我们才说话。

我指给他看钓线尽头的红鳕鱼，他告诫道："千万别吃红鳕鱼，浑身上下都是寄生虫，是蓝鳕鱼的话就要收着。"

我顺从地听着，心里大为感叹，好像教导我的是位大师，而与此同时，我也没忘自己将以写作为生，便将他说的话记在脑中以备后用。

在柳谷期间，忙这忙那之余，我读了威廉·福克纳的《寓言》，还从图书馆借来他的作品看。转啊，转啊，脑子飞旋，我这是在哪儿啊？这便是我翻开威廉·福克纳作品，读第一页时的感觉。我读啊读，从头读到尾，即便掩卷之后，依然处于词语与感觉的旋涡中，它们如强大的音乐般冲击着我，其意义自不待言。我准备写一篇书评，可这位小说家用情感遮蔽了我的视线，又如何能评价他呢？我再次捧起书一遍遍阅读，慢慢融入明澈的喷泉灯光中，在那里，人物、场景和意义都显出清晰的轮廓，坚实、真实、美好。这是威廉·福克纳的世界，我已发现了它，我要好好珍藏。

乘车北上的前几天，我劝动了妈妈，同我下到"平地上"野餐。于是一天傍晚时分，我们做好香葱三明治，保温杯里泡好茶，然后带上小地毯和坐垫，慢慢朝山下走去。沿着"鬼气森森"的老松树下的小道，经过老旧的苹果屋，它门轴已损、扇尾鸽飞舞着进出于敞开的门，再走过顶棚露天、奶桶破烂的牛棚，还有老马厩边茜吉固定产仔的稀烂猪圈。老马厩里存放着伊甸园街五十六号的多数旧物，比如家具、贴画和几盒照片，搬家那天一派混乱，无暇顾及规整，这些物什便杂乱无序地堆放在那儿。穿过冷清山影笼罩下的大门，终于看到暖阳下那一片小松树；那照耀着的太阳不属于我们，它是另一个太阳，属于另一个地方。我们将地毯铺在松针上，倚树而坐，黏黏的松脂粘到衣服上。沐浴着温暖的阳光，我扭动着身子，仿佛出来晒太阳的蜥蜴。吃着黄油香葱三明治，喝着茶，溪边飞来的小黑蝇落进茶水里。邻近草地上，紫水鸡隔着篱笆瞅着我们。

可妈妈不安起来。来了电话可怎么办？山下平地上肯定听不见吧？"你爸爸"回家发现没做饭怎么办？另外，她本打算给那个叫"自助"的店子打电话，订一周的食品，不然的话，店伙计送货或许会太晚。我们曾是星辰商店的老主顾，后来，一个伊甸园街老街坊的儿子当了"自助"的经理，我们就换去那儿购物了。在奥马鲁生活多年，我们家织就了靠得住的人脉网，比如商店店主、邮局职员、出租车司机，其中很多"男孩子"同我与默特尔一样，曾经梦想到好莱坞大显身手。与我们一道憧憬未来的某些人，如今已埋骨西部沙漠、克里特岛或意大利。

野餐很快结束了。妈妈挣扎着站起身，费力地喘着气，同我沿小路上山回家。平地上太阳业已西落，车道渐渐隐没于夜色中，松林投下暗影，加快了黑暗的步伐。我们又回到那栋房舍，霜色深锁的山峰俯身下来，用永久寒冬的利爪将它死死攫住。

两天后登上北上的快车时，清楚再也见不到妈妈了，我悲从中来，说道："我再也不回柳谷。"

我知道这句话很伤人。我挥手作别，列车沿熟悉的轨道驶出站台，就在车轮发出"凯坦加塔、凯坦加塔、凯坦加塔、温顿、温顿、温顿、卡卡努依、卡卡努依、卡卡努依"的声音时，我突然明白自己无处可逃，无论是家庭、严霜还是土地，逃离它们都绝无可能，因为我是铁路工人的女儿，这个国度的每一寸铁轨不但属于我，而且拥有我：以铁为纽带相互拥有。列车越过坎特伯雷平原，发出了新的声音：柳谷、柳谷、柳谷。

二十三　死　亡

柳谷或许曾是天堂，树叶蓊郁，土地肥沃，水色深暗，沼泽密布绿中透着危险的油亮野草，而奥克兰依旧是天堂，它是明亮的，空中飘满旋动的烟云，仿佛有座火山隐于高天之上，正向另一个无形的世界喷发。弗兰克的花园里，春天的作物生机勃发，小屋窗外挺立着一排排甜玉米，屋子东边辣椒绿叶闪闪发亮。他正忙着栽种俄罗斯红番茄，还指着空种子袋上的图片给我看。

"这就是我今年种的，有牛排番茄和俄罗斯红。"

小屋外还有一小棵木瓜树，得到他精心照顾。他希望有天栽一棵释迦树，说芭芭拉·达根和莫里斯·达根就种了一棵。"说不定是国内唯一的一棵呢。"

他充满了无尽的向往，说到释迦树时，两眼闪闪发亮（我本打算说"两眼放光"，可那光并非星斗般持续不断，而是时明时灭，仿佛是穿过了迷雾、湿气或泪水）。

"哦，你的手稿怎么样了？"他问道，"寄给佩加瑟斯出版社了吗？"

丹尼斯·格洛弗离开凯克斯顿出版社时，显然将我的不少短篇和诗给了佩加瑟斯出版社的阿尔比昂·赖特，此人又寄给了我，而我当即将其付之一炬。寄来的纸张里有封信，是约翰·福里斯特写给丹尼斯·格洛弗的，说我病愈无望，让我记起他曾说，"想到你我便想到梵高和雨果·沃尔夫"。弗兰克跟我解释说，佩加瑟斯接手了凯克斯顿出版社的大部分业务。

我心里清楚，自《电热毯》遭弗兰克冷遇，我便不愿给他看新书的内容，不过，也象征性地朗读过开头几行。弗兰克喜欢极了，怂恿我当作首诗寄给《伦敦杂志》的约翰·雷曼。更有意思的是（我们一直在聊澳大利亚那场文学恶作剧，即《愤怒的企鹅》的厄恩·马利事件[1]），他建议我找几首以前的诗作，由他寄给约翰·雷曼。他给我起了个笔名，叫作桑塔·科鲁兹（Santa Cruz），以为我不明白其中含义，还反复解释说："意思就是圣徒（Saint）和十字架（Cross）。"给雷曼的信中他说，这女人来自太平洋的某个岛屿，才到奥克兰，其作品大有可观之处。回信写得很客气，约翰·雷曼说几首诗颇为清新，等我英文提高些，他乐意再多读我的作品。

与此同时，弗兰克帮我将手稿打好包，而且出于一

· · · · · · · ·

1 The Australian Hoax of *Angry Penguins and Ern Malley*：著名的 Ern Malley 骗局，亦称 Ern Malley 事件，美国诗人 David Lehman 称其为 20 世纪最伟大的文学骗局。1943 年，澳大利亚守旧作家 James McAuley 与 Harold Stewart 为愚弄以杂志《愤怒的企鹅》为主阵地的同名现代主义文学艺术流派，一日之内虚构出 Ern Malley 这样一位已故诗人及其诗作，并以其妹妹 Ethel 的名义将 16 首二人认为蹩脚的诗作寄给该杂志编辑诗人 Max Harris，后者及其同事不知有诈，对诗作大为倾心，如获至宝，将杂志的下一期献给这位所谓天才。骗局很快被揭穿，Max Harris 也因 Ern Malley 诗作中的淫秽而受审定罪，《愤怒的企鹅》也于 1946 年黯然停刊。其后二十余年，澳大利亚现代诗歌运动一蹶不振，然而 70 年代后期，该骗局涉及的诗歌却因自身的超现实主义元素颇得赞誉，受到如约翰·阿什伯利这等大诗人的青睐。澳大利亚著名作家彼得·凯里也曾受此事件影响，创作了长篇小说 *My Life as a Fake*（2003 年）。

贯的体贴，坚持陪我一道去邮局，瞅着职员贴上足额的邮票，随即将信封投入滑槽。

两周后我得知，佩加瑟斯出版社愿意出版这本书。他们随信附上了出版合同供我签署。我顿感恍惚，既喜又惧，而弗兰克早已谙熟写作出书之道，懂得其中的规矩，他说"我们得好好庆祝一下"。尽管拮据，他还是咬牙买了瓶威使 69 威士忌，当晚二人便喝了个光。

夏天转瞬即至，暑热日夜不休，睡觉时小屋的门敞着，门口与床边的窗上挂了布帘，以抵御自灌木沼泽及普普基湖[1] 涌来的蚊群。书已完成，人又跌回真实的日常世界，这令我焦躁不安，加之天气炎热，根本无法工作。我只写了些诗和几个短篇。晚上通常会下棋，或者听弗兰克和朋友们聊天，讲些逸闻趣事，抑或与弗兰克讨论正在阅读的书籍，不过两人都明白，彼此间的感觉起了微妙的变化，"蜜月期"已经终结，大家不再是一路人了。我知道不用很久我就该离开，可我不愿意。开始、中间、结尾：多少次我们聊起虚构作品的进程，而每个阶段又该如何不漏痕迹、不带痛苦地表达。

十二月初的一天，妹妹妹夫不期而至。恰是早上，我正在工作，听见弗兰克指引他们来小屋找我。

琼出现在门口。

"我来是跟你说，"她开口道，"妈妈今早过世了。六点多发了脑梗，十点半人就没了。布鲁迪给我和威尔逊打了电话。"

. . . .

[1] Lake Pupuke: 位于塔卡普纳北部，最大的特征就在于它是心形。

我努力克制，尽量不露一丝情感。我说："唉，反正她已油尽灯枯，而且也知道自己命不久矣。"

默特尔和伊莎贝尔过世时，我们曾彼此拥抱大放悲声，可那已很遥远，之后经年我均孑然一身，陪伴我的唯有一己之情绪。

"她这辈子过得够糟的。"我说。

琼亦有同感。她说他们夫妇不会参加葬礼，还问我周末是否照常去她家。

"哦不了，还是不去了吧。"我说。

"那就以后再来？"

"好的。"我说。

"他们让我告诉你，不打电话给你是怕你担心。"

又是这老一套，他们将我当作家人中"脆弱疯癫"的那个，任何坏消息都不得与闻，这常令我愤怒抑郁。得悉母亲死讯后，我原本既感悲伤又觉释然，可听了这恼人的话，我悲哀愈甚，亦更觉释然。家人的考虑本出于好意，可适得其反，却令我离他们越来越远。妹妹先得死讯令我心生妒意，仿佛那是专门挑出来给她的宝贝，用过弄脏后变成二手货，才传到我手中。这种心理大约是因为，儿时姊妹间的竞争意识再度觉醒。小时候，人人都想第一个知道、看到、拥有宝贵的秘密。然而实际上，根本不存在再度觉醒，因为竞争从未沉睡过！

我跟弗兰克说了这个消息。

"那又怎样？"他问道。可以看出，对自己的家庭他同样满怀恨意。"父母死掉最好。"

我鼓足勇气，对他这话表示赞同。

那夜，我独自在小屋中痛哭。翌日早上，弗兰克嘲弄地质问我，为何流"那么多泪"，我解释说我不是哭妈妈的死，而是哭她操劳的命。爸妈几乎一辈子都忙着给我们张罗吃穿住处，我们却没时间了解他们，同他们做朋友。活这么大，我一直在观察他们，倾听他们，试图破解其密码，且一直在寻找破解的线索。他们就是两棵大树，为我们遮挡风雪与海洋，只不过那时我们还小。我觉得，他们的死或许让我们失去遮拦，但光会从各个方向射入，让我们了解现实，不再是风闻有风、有雪、有大海，而是亲身体味存在的所有瞬间。

整个周末我就待在小屋里。周日，弗兰克照例给朋友哈里做饭，我也跟着一道吃。起初，哈里跟块木头似的一言不发，不过很快便消除了对我的戒心，同我攀谈起来，而弗兰克则显得格外紧张，挥舞着双手，做出各种夸张的动作，又是搅动，又是试味，又是称量，又是蘸汁，最终端上来一向完美的菜肴。饭后我回到小屋，好让他俩畅谈旧日时光，抱怨如今的日子。二人相交甚久，聊天时无须完整的句子，甚至只需一两个词儿。稍稍了解哈里之后我才意识到，弗兰克为何如此看重他。这人不但始终相伴，而且消息灵通，"另一个"世界的情况，比如赛马场、城里的邋遢旅馆、码头大楼和下王后街的流浪汉，他无所不知。自己的生活弗兰克安排得堪称完美，没错，他是作家，生活在写作中，但与此同时，他要确保身边围绕着能带来外部世界消息的人，因为他不再能亲身探索那个世界，写小说限制了身体，要么整个上午甚至整天坐在桌前，要么陷入沉默与孤独，要么沉入睡眠。

没人指望我能参加妈妈的葬礼，我也自感无力前往，正好随了他们的愿。虽然没去，我还是让爸爸寄来所有的慰问信和唁电，由我统一答复。然后，我写了几首悼念母亲的诗，韵律虽不出色，却能真切细致反映我的内心：

> 烧掉她死时肮脏的衣物吧，
> 酸臭的长袜，污渍斑斑的裙，
> 以及遍布孔洞的（神圣的）[1] 双螺纹衬衫，
> 她就这身装束迎接突然降临的悲惨，
> 在那个悲伤的早晨死亡不期而临。
>
> 用衣架将她的套装晾晒，
> 挂在晾衣绳上接受风的吹拂，
> 将病痛的灾祸一丝丝
> 吹入林间，吹向相邻的镇甸。
> 将沾染死亡的被单铺于草地，
> 任由露水和阳光清洁漂白。
>
> 我说唯有火焰和空气心怀慈悲，
> 那就将你廉价的悲恸交予它们，
> 拒绝掩埋她身体的土和水
> 拒绝淹没她的任情流淌的泪。

. . . .

1 此处是文字游戏，holely（有孔的）和 holy（神圣的）读音相同。

还有一首是这样的：

> 谁的死会绝不破坏死亡的庄严，
>
> 死亡如一缕青烟从她心头升起，
>
> 时间这可怖的小雪貂不再潜行，
>
> 她肥大衣裙下沉重的身体和葵花女帽，
>
> 脚上的七里格鞋[1]助她穿越沼泽，踏过
>
> 泥泞的牛圈和雪草，追踪神，这逃逸的兔子，
>
> 他在她遍布石块、蓟花、鸢尾花和欧蕨的
>
> 草地下挖掘巢穴，在幽深之处产子，
>
> 以躲避空中的鹰隼。

> 我的盐凿虽无法弯折或重塑
>
> 她的石头，我的泪水也无法让蓟花冠毛
>
> 飞升，或告知其启程的时间，虽然夜将
>
> 剥夺她的百合，她蓝色的沼泽日出，
>
> 她战栗着的神祇在暗夜中繁衍，仍然令
>
> 疯狂躲避鹰隼的生灵
>
> 落在她的欧蕨床上，安然入眠。

前有乔治·巴克尔的"最近最亲最爱却最远"[2]以及狄兰·托马斯的"葬礼之后，骡子哞哞地赞美……"[3]我还

---

1 seven-league shoes: league（里格）是旧时的计量单位，一里格相当于三英里（约四点八公里）。七里格鞋也称七里格靴，是民间传说《七里格靴》中巨人的靴子，穿上后走一步便等于走出七里格。

2 出自巴克尔《致母亲》一诗。

3 出自狄兰·托马斯的《葬礼之后》，译文选自海岸、傅浩、鲁萌译：《狄兰·托马斯诗选》，石家庄：河北教育出版社，2002年，第120页。

能如何书写呢？

彼时的我痴迷于紧凑的意象，喜用爱、心、死亡及慈悲这类抽象词语，它们好似埋在诗中的小手雷，轻触之下，情感便会引爆，炸裂成无力的碎片。于是到了诗末，情感要么已毁，要么已散，反正荡然无存。紧凑的意象亦产生乘机旅行般的效果，下方的山川无从得见，人毫不受旅途的影响，抵达目的地时，或者说抵达诗尾时，除了对旅程感到乏味外，人同出发时一样精神，而诗便如了无痕迹，纯是幻影。

我渴望写诗，亦竭尽全力，但也知道自己的诗并不"出色"。明知如此，我依然心心念念，希望能写得精彩，这是一个放诞的梦，如冰激凌般甜美，有这功夫，倒不如将诗写得更有力度。

我还写了一首悼亡诗纪念母亲，题为《他们祈求光的眼睛遭到光的嘲弄》。我给卡尔·斯特德朗读了这首诗，他虽小我几岁也较少写诗，却有更加敏锐的判断，知道孰优孰劣。听过后他没说什么，只是在重复"太阳是死亡的律师"这句时皱了皱眉头。我知道这首诗没写好，因为内心有种冲动，想说"这里写的我都能解释"，就好像干写诗这种坏事时给当场抓获。

我也的确能解释。隐喻打造出来了，但并不惊艳：

> 他们祈求光的眼睛遭到光的嘲弄，
> 在其中在其外未留下涂抹的痕迹——
> 死亡或为火焰环绕的诉讼者
> 收取腐败的费用，起诉他们的生命；

因为此刻在巨大的悼念中，亲属们

细致地在海滩上搜寻，探查母亲的遗体，

透过恐惧和悲恸的望远镜，看到海岸

上空的海鸥寻找她的象形文字，

那里，十二月的骄阳，死亡最热切的律师，

在她这第六十三个年头早早醒来，行最黑暗的
勾当，

将客户的签名写于她皮肤之上，

那皮肤像没有密码的干涸支流紧贴骨头，

紧贴嶙峋腐败的骨头，缺失舌头的支流

被误导向她业已停止的血液

那品尝味道的边缘——对此有谁能预料？

妈妈死在早晨，死在她干活的时间，想到这我便心如刀割。那天，她早早起床（got up）（绝不能用"起来"［risen］）去厨房生火，爸爸看到她时，她神志不清地小声说："我应该已经泡了茶……"这是她说的最后一句话，此后便再未醒来。我认为这句话概括了她的一生，是她最棒的文学创作，这么说毫无玩世不恭的意味。

对于妈妈的死，弗兰克没表现出一丝同情，这种背叛令我耿耿于怀。不过，我无意中听到他对我们的邻居凯瑟琳说，"母亲的死让人最难接受，珍妮特一定很伤心"，于是便心下释然。原来弗兰克也有情感，只不过深藏不露！

二十四　蚕

夏日已逝，天气转凉（这让我想起一个梦：在如水的凉夜里），我想，要再写一部小说了。出离了虚构的世界，我方能清楚地看到，待在小屋里的我，比起最初的约定，耗费了弗兰克过多的时间、精力与情感，因为我并非他唯一"牵挂"[1]（此词含义颇多）的人，而每位令他"牵挂"的人（比如哈里、杰克、隔壁的老吉姆以及两位老迈的姨母，其中一位已双目失明，生活在海滩附近一栋有山墙的旧宅里，屋内尽是高大的深色家具）都需要看望、倾听与安慰，更别说有比他拮据的，需要不时周济些园子里的菜蔬、十先令或一英镑纸币。探望姨母最令弗兰克力倦神疲，她们数落起人来毫不留情，而他只能耐着性子洗耳恭听。每次回来，他都会以不可思议的口吻说："唉，我那两位胖姨妈，大块头的姨妈。"她们的确是大块头，那般结实，似乎绝不融化；我觉得她们是弗兰克妈妈的姊妹；我认为在不肯消失这点上，她们就像是过去，弗兰克的过去：她们不是用雪堆成的女人，其存在无需理由，超越时间。有次，失明的姨母患病卧床，我跟弗兰克前去探望，看到失明或病痛丝毫未损减她的威仪，能令她显得渺小的，唯有床边高耸的橡木书橱。

夏日已尽，暑热未消。弗兰克聊起童年养蚕的那段"黄金岁月"。那个夏日值得铭记，如同他完美的短小说

1 charge。

《那年夏天》。一日，我漫步在卡朗加哈普路（像朗伊托托岛一样，这条街也为奥克兰人所"拥有"），无意间瞅见一家宠物店橱窗里的蚕。我买了六只，当晚便惴惴不安地放在厨房餐台上，将包装纸打开。当时，弗兰克与我都极端敏感，任何举动都需经过思量方敢为之，否则就怕伤害对方，或者对方会错了意而无法承受。我曾看到，翻看早年游历欧洲时的明信片，弗兰克几乎黯然泪下。我觉得，"叔叔与蚕"那段黄金岁月只属于他，不想让他误会，以为我总是听他回忆儿时的快乐，便擅作主张，弄一个往昔时光的复制品给他。于是，拿出蚕时我故作随意。他非常高兴，不为勾起了回忆，而是瞬间迸发自内心。在他看来，蚕可作为收束我注意力的手段，因为他正与我商量，我"下一步"该如何走。弗兰克认为，我该"出国"去"开阔视野"。我俩都意识到，这其实是说"最好在有人决定将我送回疯人院前离开新西兰"，只不过委婉些。我们都知道，在这样一个循规蹈矩的社会里，有许多"决策者"掌控着他人的生活与命运，其数量之巨足以惊人。弗兰克甚至提议，我们来场形式婚姻，这样他便成为我最亲之人。听他这话，我感觉遭到了羞辱，而他思索一夜之后亦觉不妥。

我们将心思集中到蚕宝宝身上。我到塔卡普纳附近转悠，终于在一处俯瞰海滩和铁心木林的老式花园里，发现了一株桑树，其叶可喂养我们那些小"牵挂"，而好心的主人也乐意送桑叶给我。弗兰克从汉娜鞋店拿回个鞋盒，细致地铺好桑叶，然后轻轻将蚕宝宝放在叶上。它们立刻开吃。白天，我们把盒子放在餐台靠书柜的那头，晚上则由我带回小屋放在桌子上。我们知道蚕宝宝在拼命进食。夜的静谧中，我躺在床上，听到一座微型图书馆内翻动微型书页的声音。那之后，这种响动我只在大英博物馆图书馆里听到过，但比这稍大，是读者们一页页"消费"心爱图书时发出的。蚕宝宝们的确是在"消费"，日夜不停发出咀嚼之声，虽然日间无人倾听；它们永不停歇，直至这个生命阶段终结：生命不休，进食不止。弗兰克告诉我接着会发生什么，它们会摇头做圆周运动，嘴里吐出类似金色蛛网上的那种丝。弗兰克将每只蚕放到一小条纸板上，它们以此为基础，将身体与纸板裹成金色的蚕茧，等里面再无动静时，弗兰克轻柔地割开蚕丝，取出赤条条的蚕蛹，用小团棉花包裹住；这寻常的入侵行为乃是基于这样的信念：我们赢得了世界，也赢得了世界上的生灵及产物。蚕丝编成的金线挂在窗边的墙上，就在同一个房间里，伊凡·伊里奇和老伯爵死去了，皮埃尔见到了拿破仑，老橡树发芽又落叶，莫扎特和贝多芬的音乐曾奏响，这是个富饶的金色房间。

不久后，舒服地躺在棉花里的蛹变成了蛾。蜕变后的第一瞬间，公蛾母蛾相互找寻，然后公蛾爬到母蛾身上交配，就像进食和吐丝一样夜以继日，直到公蛾僵直落下，一只只死去，而母蛾则再次利用准备好的纸板，产下一排排细小的白卵，整齐地排列着，宛如盲文中的点，接着它们也死去了。在蚕的生命进程的每个阶段，弗兰克都重复了多年前做过的工作，每个阶段都跟我解释，描述会出现的情况。他将纸板和上面的卵一道放入鞋盒，封住了它们的过去、现在与未来，然后将鞋盒埋入土中，像埋下一副临时拼凑的棺材。

"这就是生命的循环。"他说。他的话和说话时那一瞥亦有他指，含括了所有其他物种。

"冬天就让它们待在土里，等天气暖和了挖出来，就会孵化成蚕，生命便会周而复始。"

生命循环完满、完美，几乎无法摧毁，这点我们深有所感。

那天晚上，我们开了一瓶威使 69，赞美那些奉献给进食、吐丝与交配的生命。

第二天，我们合计着给文学基金会写信，为我申请经费，"出国开阔视野"。等待申请结果的那段时间我无事可做，便接受了弗兰克的朋友葆拉·林肯（也叫 P. T. 林肯或保罗）的邀请，去她在芒格努伊山的度假屋盘桓几日。

二十五　林肯小姐、比阿特丽克丝·波特和多恩博士

我见过葆拉·林肯，她曾来看望弗兰克。在我眼里，这是个灰头发的小个子女人，当时她带着哭腔抱怨说，自己身体出了"变化"，该有的平静都给剥夺了。那天下午她很崩溃。我看得出，弗兰克厌恶这种情感宣泄，想离她远点儿，以避开这喷泉般迸射的莫名悲戚，而她则像喷泉中心的那座雕像，遭受到全方位的喷溅。

我当时就想，但愿她能停下来。

我感觉得到，她的情绪中夹缠着与弗兰克的过往。那天下午的谜团我一直未能解开。她走后，弗兰克没多解释，只是伤感地喃喃道："可怜的女人。她情绪又崩溃了。每次来这儿她情绪都不对。哦，她邀你去山里住几天，什么时候都可以，你觉得想放松几天就跟她说。可怜的女人，我倒真挺喜欢她的。"

他给我看了一张相片，是年轻的弗兰克和三个朋友的合照，其中有位矮个子女人，满头乌发，面容俊俏。"那就是她。保罗。"

他讲述了她的经历。此女曾就读于某著名女子公学，后来与"上流社会"的家庭决裂，三十岁时只身来到新西兰，战时作为理疗师为和平委员会工作，随时都愿投身于有意义的事业。后来他们二人相遇，她对写作产生了兴趣，继承了一小笔遗产、有了自己的收入后，便有了写作的自由，不过也只创作了几个短篇。弗兰克建度假屋、出第一部书时她都曾出资相助。

我说记得《为我们自己发声》中有她的作品。

弗兰克说："她很了不起。你知道吗，她是同性恋。"

即便当时的我对各类性取向有了更多认识，也不大明白女同性恋意味着什么，等到弗兰克解释一番后我才发现，自己跟维多利亚女王一样，对此根本难以置信！

我动身前往芒格努伊山。列车行驶了大半天。当年，类似的行车路线仅有几条，不但旅程漫长，而且大多穿行于自然环境中，周围尽是灌木丛、瀑布、蕨类植物、潮湿的黏土、水光潋滟的湿地，大地的心跳跃入车厢，令人心头涌起探险孤旅中才会体验到的孤独感和陌生感。车上旅客寥寥，有的躺在座位上睡觉，其余的像我一样独坐在双人座位上，好似车窗外荒蛮世界的猎物。有一次，前方黏土山滑坡，泥土覆盖了铁轨，司机、司炉和乘巡道车赶来的工人用铁锹清理铁轨，而旅客们则默然沉浸在绿色梦幻中。列车终于启动，嘎吱嘎吱缓慢通过一个接一个狭窄的弯道。车外，雨水从大地上每个孔洞中涌上来，从每块树皮、每片树叶蕨叶上滑落，旅客就好像获得了洞悉内情的特权，就好像得到了秘密的青睐，明白这根本不是通常所谓的"主干线"。沿途有停车休息点和城市，它只是条"支线"，不被重视，充满神秘，隐隐有种流放的意味，即便是在梦中、在头脑中、在历史上，任何一条支线都概莫如此。

列车终于抵达陶朗阿[1]，虽然它要继续沿地峡向达芒格努伊山行驶，但葆拉·林肯却赶到陶朗阿接我，好一道乘夜班交通艇横渡海港。天已黑透，冬夜的空中挂着一轮满月。葆拉在站台上等我，衣着与看望弗兰克那天一般无二：灰色法兰绒便裤，类似校服的白色棉衫，灰色开襟毛衣，外罩华达呢雨衣，脚蹬一双黑色系带"实用"冬鞋。她兴奋而紧张，开口便是过去常说的"牛津腔"，那是老师、医生与皇室成员特有的口音，透着一丝凛然不可靠近的意味，不禁让人联想到权威。P.T.L（林肯小姐）的口音带着拒人于外的味道，似乎一直在说，"没什么为什么，就是这样啊"。

· · · · · · · ·

1　Tauranga：位于新西兰北岛东海岸，普伦蒂湾西岸。

我们从车站走到栈桥码头，林肯小姐双目熠熠，此刻并未沉浸在悲伤的涌泉中，而是沐浴在月光的银辉下，那一刻，阴云密布的天空突然放晴，月光如水般倾泻在港口之上。即便是蚕，也用桑叶消耗时间：这夜的寒冷是五月的寒冷，冬天的寒冷。

我们坐上交通艇，朝港口开阔的水面驶去。林肯小姐伸手到艇外，触摸着水面，嘴里喃喃道："一块块液态的光。"

"格雷维尔就是这样描写光的，"她说，"弗兰克说过格雷维尔·特西多尔[1]吧？你读过她的短篇吗？"

我说读过格雷维尔的短篇小说集《这些黑色的玻璃杯》。书中的故事透着自信与老练，既令我赞叹，又令我沮丧。聊起朋友与熟人时，弗兰克也谈到过格雷维尔，要言不烦地描述了其人及其经历。在他看来，友人们各具耀眼的魅力，其天性、天赋或经历令人惊叹。就格雷维尔而言，最有趣的是她曾嫁给柔术师，随他到世界各地巡演。"那会儿她还很年轻。"弗兰克也很欣赏她的作品，但真正吸引他的是其"生活经历"：随那位柔术师夫君，她去过哪里，见过和做过什么。

交通艇快到芒格努伊山了，林肯小姐还在聊格雷维尔和弗兰克，说着后者早年与朋友们的故事。接着，我们都陷入沉默，享受着月光，小艇靠上栈桥时，林肯小姐开口道："我喜欢的呢，是跟人在一起，但不必没完没

· · · · · · ·

1　格雷维尔·特西多尔（Greville Texidor, 1902—1964）：英国小说家，以1940 年至 1948 年在新西兰生活期间撰写的作品而闻名。

195

了地聊。"

"哦，我也是啊！"我带着结交新友时的热情说。弗兰克跟我说过，保罗不大会轻易"喜欢"别人。但他说："她会喜欢你的，你们应该合得来。"

有时，弗兰克会将友人往一起凑，仿佛他们是药品，而他是开处方的主治医生。他也给自己开处方。周日给哈里做晚餐，听他聊赛马，倾听杰克的苦恼和梦想，照料这位邻居的生活，这些在弗兰克看来，不但带来快乐，也"对身体有益"。我心里惴惴不安，万一弗兰克的朋友林肯小姐不"喜欢"我，或者用她的话说（她话里总夹杂着些校园故事和毛姆小说里常用的词汇），我们不能"一见如故"，那将会发生什么。

我不时怯怯地唤她"林肯小姐"，直到走向海滩边那条街时她跟我讲，"大家都叫我保罗，从上学起，我一直就是保罗。"

"那我就……"我说。

芒格努伊山仿佛是由海沙堆积而成，极目望去唯见大海。我们步行经过密集的海滨店铺，林肯小姐停步买了些面包水果，再往前便一下子来到了海滩大道。我们同时吟诵道：

> 绕过岬，大海突然来迎接，
> 月亮从山顶上透出来注目。[1]

· · · · · · · · ·

1 引自英国诗人罗伯特·布朗宁的诗作《晨别》将"太阳"，译文出自卞之琳先生之手。原文是"太阳从山顶上透出来注目"，弗雷姆将"太阳"改为"月亮"，盖因当时正值夜晚。

"每次走到这儿，我都会想起这两句。"林肯小姐激动地说，她的牛津音长矛般尖利。

"我喜欢《语法学家的葬礼》。"我说，忙不迭要想办法，好促成所谓的"一见如故"。

"这首诗啊，这会儿倒是想不起来。"她说。

海滩荒凉孤寂，长长一线海浪不停翻卷着，海港对面，月亮悬在陶朗阿上空，下方是隐隐约约的山影。月亮亦跟随我们的脚步，开阔的海面上映出一道月华，直抵海滩大道。林肯小姐指了指海平线上黑黝黝的一块，说："那是马塔卡纳岛，岛上种满了松树；旁边的是兔子岛。"

她朝左侧后方指去。"那就是芒格努伊山。"

北岛人将小丘称作山，对此我已经渐渐习惯。

"海滩大道尽头拐弯的地方，可以看到怀特岛，岛上的火山喷发了，正在着火呢。"

我瞬间就辨明了方向，朝怀特岛应在的位置望去。

我们来到一栋刷成白色的海滨小屋前，一见之下，我便将其比作霍沃斯牧师住宅 [1]。小屋与冬海间仅隔着一条砾石路与几座沙丘。屋前是一片开阔的沙地，因风之故，几株叶色灰暗的矮小植物朝小屋方向倾斜着。

进屋后，林肯小姐领我来到一个满壁书籍的房间，地板上撒着沙子，房中央摆着张中间略有塌陷的大床，除此之外空荡荡的，只觉寒气森森。一路随行的月光退去了，外面陷入浓浓的黑暗，令锈迹斑斑的窗好似冻结

. . . .

1　英国作家勃朗特姐妹的家。

一般，漆黑的夜色中，仅有拍岸的海浪闪着光。

"我采了些皮皮贝[1]做一道特别的菜。"林肯小姐说。

所有的食材都已备好，弗兰克在其《爬上屋顶，爬下屋顶》中如实描写过。书中，他与一位叫 K 的女人（也就是林肯小姐）在芒格努伊山这里吃过这道菜。林肯小姐一边烧饭，一边一字不差地引用弗兰克的描写；往米里加水时她叫道，"哦，天啊，别是加多了水"。弗兰克那段描写毫无争议地属于她，说到跟弗兰克共同表演的那个场景，她得意地笑起来。

她开了一瓶葡萄酒，说："这是济慈最喜欢的红酒呢，如果拿到资助，能去伦敦的话，你会参观他的故居，对吧？"

我感觉自己为他人的愿望所裹挟，可在我的生活里，此种状况难道罕见吗？这惯性令我惊惧；我不想去任何地方，可又能生活在哪里呢？我知道，到了离开埃斯蒙德路的时候了，可买栋属于自己的小房子、有足够的生活费用均是痴人说梦，若向文学基金会申请补助作这般用途，肯定会遭到拒绝。"到海外开阔视野"这一说辞才有打动他们的魔力。

"出国后要做些什么，想来你已有了打算？"

"这个嘛……"我为心中简单的愿望感到羞愧，脑中不断回响着华兹华斯的十四行诗：

　　　　别怪那王家圣人花钱不精明，

· · · · · · · ·

1　即皮皮尖峰蛤，是仅见于南半球一种贻贝。

别怪建筑师以不相称的目的

把这座宏伟壮丽的作品设计

（虽然他的辛劳只为寥寥几名

白袍学者），这高度智慧的结晶！[1]

我做梦都想见到剑桥大学国王学院的教堂，向往漫步于吉卜赛大学生生活的乡野以及哈代笔下的荒原，向往去莎士比亚的国度看"那处百里香盛开的水岸"[2]，甚至徜徉在皇家植物园的丁香花间！然而，在《为我们自己发声》的新时代，这些梦想显得多么落伍。我同样渴望在尤根尼亚山间漫游：

一定有着许多绿色的岛屿

在既深又广的痛苦海洋里，

否则那疲惫而憔悴的水手

就绝不可能会像这样漂流，

夜以继日之后又日以继夜……[3]

去看：

蓝色的地中海，它躺在那里，

被自己晶莹的水波催眠入梦。[4]

. . . .

1　出自华兹华斯之《在剑桥大学国王学院的教堂里》，引自黄杲炘译《华兹华斯抒情诗选》，上海：上海译文出版社，1985 年，第 310 页。
2　此句出自莎士比亚浪漫喜剧《仲夏夜之梦》第二幕第一场。
3　此段出自英国诗人雪莱的《尤根尼亚山中抒情》，译文引自江枫：《雪莱抒情诗全集》，长沙：湖南文艺出版社，1996 年，第 114 页。
4　此段出自英国诗人雪莱的《西风颂》。

这些浪漫的意象呈现出乡野的荒蛮与学院的孤绝，而另一些则反映了"黑暗的撒旦磨坊"与城市的肮脏，两者达到了平衡。我听人反复讲，新西兰人无法想象伦敦、巴黎、格拉斯哥这些大都市如何邋遢肮脏，因此，想到身处如伦敦这样的大都会时，脑海中便浮现出黑暗与贫穷的意象，以及灰色的高大建筑前满眼绝望的中世纪人物。

"我还真没想过会去哪儿。"我说。

那晚的甜点是草莓番石榴，内有细小坚硬的籽儿。番石榴树就长在茅厕旁的后门外。林肯小姐紧张地瞅着我，因为我是头一次品尝这种水果。听我说能接受，她显得很高兴，好像我一直在怀疑她的动机。她同样在意别人对她家和物品的看法；我说很喜欢她这个海边的家，这房子就像坐落在海中一样，而那个满壁是书的房间是我梦寐以求的。

"我要读读读。"

不过，林肯小姐，也就是保罗，令我感到些许紧张，因为刚见面不久她便直言，自己一向"心口如一"。虽然我看重"诚实"，但人们说实话时，常带着挑衅意味直截了当，有时也让我心生畏惧。

"我怎么想就怎么说。"林肯小姐又强调了一遍。她的英语口音有种迫人的威势。我打定主意要千万小心，别成为她大摇其头出言不逊的目标，因为通常仅在此类随意聊天的情况下，人们才会声称自己说的"净是大实话"。

"你读过拉德克利夫·霍尔[1]的《寂寞之井》吗?"我起身回自己房间时她问道。没读过,甚至都没听说过。她说想读的话就在书架上,那是最早描写女同性恋的作品之一,出版时引起了轩然大波。

"你知道,我是同性恋。"她说。

"知道,弗兰克有跟我说。"我不知所措地轻声答道。

当晚我便读了那本书,边读边陷入一种奇特的混乱中,试图想象女人同女人做爱的情景,既感厌恶又感好奇,要知道,我还从未跟人有过床笫之欢!第二天,林肯小姐跟我说,上女校时她爱上个女孩儿,直到现在都没变,这话我信,也很同情她。她说起莉莉,仿佛莉莉就在眼前,那份爱依然鲜活。这时她已泪水盈眶。

"莉莉实在太美了!"

莉莉是她唯一的、永远的爱人。虽然那之后也有"一见如故"的朋友,但无论是男是女,都无法激发那样的爱情。

我觉得自己挺喜欢保罗的,这又是个遭人误解、与世界格不相入的人。虽然在心理上排斥男女同性恋,我却慢慢学会了接受他人的不同,因为不同是神圣的。至于生物学与荷尔蒙的某些知识,我当时还一无所知,只知道这样的性取向差异,会威胁和伤害喜欢异性的人。

保罗痛苦地讲述了自己的经历,她对往昔充满向

1　拉德克利夫·霍尔(Radclyffe Hall, 1880—1943):英国诗人与作家,以女同性恋题材小说《寂寞之井》著名。

往，对未成之事心怀遗憾。我知道，一如所有被社会抛弃的人，她得加倍努力挣扎，才能抵抗日常生活对其感官的攻击。我突然意识到，她与我母亲年龄相仿，最多小两三岁，可我与她却像两个平等的人在交谈。做客期间，我想得最多的是这点，而不是对性事的坦白。每当发现一个新话题，譬如文学、弗兰克的早期生活和友人、芒格努伊山、英国妇女眼中的新西兰，我都会思忖，倘若妈妈能同我像普通人般交谈，她会就此发表怎样的看法？妈妈心里只有家，所以，即便想同普通人那般讲话，脑中也掺杂了各种与家有关的零碎，比如"你爸爸""小家伙们""奶牛""自助店的食品订单""考尔德·麦凯的毛毯账单"，不一而足。我无法相信，林肯小姐与妈妈能有同样的历史记忆，对历史记忆能有同样的思考。妈妈哪有时间读书啊！

　　保罗说，逗留期间我想做什么都行。家里有辆单车，平坦的沙土地最适合骑车了。此外，不知道我愿不愿见见她的朋友，比如迈克尔·霍奇金斯（弗朗西丝·霍奇金斯[1]的侄子），他住在海港对面一栋小屋内，不过常来这边沙滩散步拾贝壳。还有吉尔伯特夫妇，丈夫是位贝壳学家，妻子萨拉很会结交有趣的人。他们属于一个高智商的家族，"旧世家中的一个"，女儿在伦敦，认识几位诗人。

- - - - - - - -

1　弗朗西丝·霍奇金斯（Frances Hodgkins, 1869—1947）：新西兰风景画和静物画画家，公认为新西兰最负盛名和最有影响力的画家之一。她在新西兰出生长大，但大部分工作时间都在英国度过。

我大感震撼。

保罗略带不满地说："不过啊，每次我带有趣的朋友来山上，萨拉·吉尔伯特都想把他们拉过去，到头来，那些人倒成了她的朋友，跟我却生分了。"处于生活中那个阶段的我还无法想象，为什么在友情中，人们急于划分领地，制定各种限制。绝望的人会使出浑身解数，再三确保拥有一个位置，他们自己的位置（或宫殿），这点我怎会如此迅速地忘掉？同被认定为反常的人相比，"普通"境遇中的人，其绝望同样强烈，只是不易察觉；对这两种人而言，环境有可能令他们绝望更甚！

这儿是荒凉的芒格努伊沙土山，冬季罕有人至，植物都得用麻片包裹抵御严寒；风吹沙砾扫过孤寂的街道，几栋孤零零房舍的主人，就如任何岛屿及半岛上的人一般，等待着大陆传来的消息，等待着有趣的访客前来提醒，他们依然活着，这个三面环海、凭海的喜怒存活的世界依然存在。此时我算体会到，朋友遭别家引诱真会令人恐惧，倘若失去了这个朋友，又该是如何痛苦的事。

所幸，那位公认的山间怪人跟谁都是朋友，难得有他这样的人，而且又是著名画家的侄子。有天他来度假屋，在门外等我们同他去海滩散步。他约莫四十来岁，瘦高个，黑皮肤，很久没洗澡的样子，一双深邃的蓝眼睛总望向别处。我们漫步在海滩上捡拾贝壳，接着返回小屋喝茶。他虽然当真进了起居室，但四堵墙的包围令他不安，随即便迅速逃到屋外，又看到了海浪，踩着熟悉的沙滩，整个人放松下来，不但因为有我们，也因为有海天相伴。他几乎就像是著名的画家姑姑特意留下的旧物，因为某些画家会在画布上画个神秘人物，抑或留一块色彩或光影不予解释，令其成为永远的谜团。

林肯小姐的朋友吉尔伯特夫妇我也见过了。吉尔伯特先生坐在屋角炉火边，他自己收集了羊毛，然后纺线梳理，这会儿正在织一件套头衫。他妻子萨拉端上茶点，有烤饼和蛋糕。那盘子很特别，不但分层，而且有把手。吉尔伯特先生话虽不多，但时不时会顽皮地跟林肯小姐交换眼色，后来她跟我说："我们俩可是心有灵犀的。"吉尔伯特太太听说我正申请资助，去国外"开阔视野"，便谈起住在伦敦的女儿，她认识几位著名诗人，且与其中一位过从甚密。她说出一个名字。你读过他的作品吗？读过啊，企鹅文选中有他一首诗。

她同我讲，她女儿在伦敦文学圈里混得风生水起。我充满敬畏地听着，感到自己很失败，同时也颇为嫉妒，这令我痛苦不堪。

（此外，一想到伦敦城及其建筑，我便惊恐无措，同时又在暗暗克制这种恐慌。）

仍在聊女儿和那位诗人的她从容不迫地说："他们关系很近的。"

萨拉·吉尔伯特是个厉害女人。我算是懂了，她何以能将林肯小姐的几个朋友们"引诱"过去（这里用了此词的本意，即"使用诱饵"）。即便是林肯小姐本人，也禁不住对诱饵有所反应。

"她家可是新西兰最早的家族之一呢。"她提醒我说，"她和丈夫都是那个家族的，吉尔伯特家。"

我很怀念同林肯小姐（我还是没法直呼她保罗）相

处的日子，更多是因为读了很多书，比如《爱丽丝漫游奇境》《爱丽丝镜中奇遇记》、借贷者故事、比阿特丽克丝·波特的作品，都是我不曾读过的。此外还有约翰·多恩博士的《布道辞全集》。夜里我躺在床上看书，海浪在小屋外拍岸有声，风裹挟着沙掠过小屋与海滩间的沙丘，海滩大道人家的前花园、屋顶排水槽、墙缝、烟囱底部都落下一层沙，房门内也总会有一小堆，提醒人们，沙的入侵无可抵挡。

每一天，林肯小姐都穿着朴素的白色套衫和灰色便裤，像是老式女校来的逃难者，跪在遭风蹂躏的树篱旁，用裁成条儿的麻袋片将歪斜的枝丫与做支撑的曼努卡树枝捆绑起来。我心想，海边的植物正该是这副打扮。同弗兰克·萨吉森一样，林肯小姐极其厌恶"花里胡哨"，所以，即便是装扮植物，也要合乎她的品位。对有些衣服我虽心下渴慕，却从未拥有，不过一生都对其甚为痴迷，也许哪天能得到吧，即便要借助魔法之手，揭开一层层丝绸，从一个褐色的小榛子里取拿出来。弗兰克和林肯小姐对"女性花里胡哨的"服饰大加挞伐时，我常常微感羞惭。他们令我想起父亲和他的诘问："你要衣服做什么？有校服不就很好吗？"

二人穿着朴素，但芒格努伊山及霍沃斯牧师住宅式的树篱却不同，它们均骄傲地披着一条盐与彩虹织就的闪亮缎带，那是海洋的慷慨馈赠。

再过几天就要返回奥克兰了，这时我接到了弗兰克的电报。

"据私人消息，已批下三百镑，祝贺。"

看来，离开新西兰即将成为现实。我对钱没有概念，三百镑似乎是不小的数目，但究竟是多是少却难以判断，够交通和生活开销吗？又能支撑多久？

听到消息，林肯小姐同样激动。临行前那晚，同到达的那夜一样，我们烧了皮皮贝和米饭（"哦，天啊，别是加多了水！"）以示庆祝，还开了一瓶济慈钟爱的红酒。收拾小行李箱时，林肯小姐拿来条仔细折好的灰色法兰绒便裤。

我试了一下，挺合身的。我不喜欢便裤，觉得裤腿鼓鼓囊囊的很丑，而灰色法兰绒难免让我想起以前的初中校服，可这话我却说不出口。

第二天，我再次踏上旅程，灌木丛包围的铁道穿过荒野，朝奥克兰及其湿冷的冬日、高迥明亮的天空进发。如今，我的"未来"依稀可见，生活平添一种兴奋，弗兰克与我等待资助正式宣布，还有那张三百英镑的支票。

二十六　给旅人的忠告

我收到了官方的资助通知，但寄送支票前，顾问委员会要求我接受其委员劳登小姐的面试，此人就住奥克兰，做过中学校长。众所周知我入院多年，那次面试后，便展开了对我精神状态的一系列调查。他们就想弄明白，我是否像诊断书上说的毫无治愈可能，抑或医院最初收治我根本就是个可怕的错误（后来在伦敦时这点得到了确认），而那以后，便是对我的苦难持续做出错误阐释。当时文学界对我的普遍看法在《新西兰百科全书》中可见一斑，比如说我有"混乱的悲剧性力量"和"不稳定的个性"，这个观点被很多不了解我的人反复提及。

听说我要参加面试，弗兰克一如既往地给我打气。

"那没什么，"他说，"就拿出中学女生的样子，面对女校长既讨喜又有礼貌就成。"

他劝我放心，说劳登小姐是个和蔼明理的人，很有头脑。她会明白，无论怎样看待我的"历史"，当下我的最佳出路就是离开新西兰。

几天后，我乘公交车去雷穆埃拉[1]，接受劳登小姐面试。除了喝茶，以及从另一个精美的分层食盘里取用烤饼与蛋糕，我还尽力表现得"正常"，呈现出一个快乐健康的女性形象。同多数我听说过的退休女教师一样，劳登小姐住在一栋挤满家具和图书的房子里，室内像影院般铺了深红色玫瑰花纹地毯，她本人则给人满腹文化之感。我觉得自己挺无畏的，就出国问题侃侃而谈，而她则问起我在中学的情况，比如练过什么项目、是否当过学长[2]、六年级表现如何等。这都是几个世纪前的事儿了，不过我还是列举出很久以前的荣誉，譬如篮球B队队长、体育训练奖章、学院长、成绩总评第二，等等。她要聊以前，那咱就聊以前。

那天下午我虽很愉快，但也紧张得冒汗；弗兰克是

. . . .

1　新西兰奥克兰市的传统富人区。
2　学长（prefect）：某些英联邦国家学校中负责维持纪律等的学生干部。

奥克兰文学葡萄藤[1]的看护者，不断给它修剪施肥，伺候它成长挂果。他听小道消息说，劳登小姐觉得我是个"正常、快乐、健康的女孩儿"，我心里有了底，这事儿成了。

支票寄来时，我瞪大眼睛难以置信，连忙拿去给弗兰克看。

"这支票该怎么弄啊？"我问道。我从未有过银行账户；同许多服务及设施一样，账户应该是为"别人"服务的。我们家只有默特尔开过户头，是个邮局储蓄本，这周存入三先令六便士，下周再取出二先令六便士，留下那神奇的一先令，据说是保持账户"开通"。默特尔死后，那一先令和几个便士给退了回来，储蓄本上也盖了"作废""撤回"的印戳。

那天下午弗兰克没休息，陪我拿着支票去了新南威尔士银行，跟经理说明了情况，说我是个值得力荐的客户，一位了不起的作家。

接下来，便是花七十八镑买了张鲁阿希尼号上六人间的船票。这艘船从惠灵顿启航，七月底抵达南安普顿港。然后便去申请护照，预约接种第一针天花疫苗。这就要泛海出洋了！

出主意的人纷至沓来。杰丝·惠特沃斯是第一个，其建议亦最具价值，毕竟她曾靠攒下的退休金两度游历欧洲。她说知道伦敦有个地方或许我能去住。我前往诺斯克特拜访了她和她丈夫厄内斯特，虽一下午只听她讲

. . . .

1　葡萄藤（grapevine）在英文中有小道消息的意思。

208

述旅行经历，却也心生好感。头次出游时她已年届七旬，且是只身一人，厄内斯特不喜旅行，他自制了一台立体声唱机，留在家里欣赏舒伯特与莫扎特。认识杰丝的人都说她了不起。她与第一任丈夫奥利弗·达夫培养出才华横溢的子女。她创作了《奥塔戈的间隙》，作为酒店老板的女儿，生动地描写了在中奥塔戈度过的童年时光，在达尼丁度过的少女时代。该书当时就已绝版，所知者甚少。杰丝做过音乐教师，与第二任丈夫同样爱好音乐。她为人热忱，聪明睿智，博闻强记，性好冒险，心地善良，厄内斯特虽小她几岁，却对她情深不渝。

这真是奇特的际遇，母亲死后半年，我竟和两位与她同龄的女性结为朋友。或许，此二人在童年末期均钟爱艺术，且具有较常人为多的想象力，然而，她们的生活却迥然不同，经历生存的漫长挣扎后，各自心中留下的印记也判然有别。杰丝同我母亲一样，生活在拮据窘迫的家庭里，兄弟姊妹众多，到处挂着尿片。葆拉，也就是保罗·林肯，与家庭决裂，而我妈妈的婚姻也令她与对此不满的家庭渐渐疏远。听杰丝讲她的旅行故事，我禁不住想，妈妈从未说出口的词语该有怎样的一生。我看到它们排成一队或两队（词语们都是这样排列的），大踏步走向她的舌尖；接着，因为时机不对或无人接待，它们给打发回转，即便是她草就的诗篇、给编辑的信函以及对上帝的祷告，都无法释放所有拥挤在她思维前屋的愤怒囚徒。她要是能为自己发声该多好啊！

杰丝有一肚子建议。我该买一两个金属盘子来做饭，一口可用固体酒精烧饭的小金属锅，那样的话，倘若得住旅馆，就能自己煮茶煮蛋什么的，可以省不少钱。她跟我说，有个女人在克拉珀姆公地开了家膳宿公寓，背面有一排花园客房，她家总有空房间，房租每周十七先令。到伦敦的头几晚，她建议我去尤斯顿广场的公谊会旅社落脚，最好现在就写信订房间。她去欧洲是在夏天，除了炊具外，还带了两条连衣裙和一条兼作睡衣的衬裙，两三条长裤，也就是说行李能少则少，至于该带什么冬衣就不清楚了。她建议我弄条钱腰带。

"钱腰带？"

"就是把钱塞进去缠在腰间。或者，装小袋子里系在脖子上，让袋子垂到胸前。"

"哦！"

杰丝每次都去萨尔茨堡，住在"莫扎特出生地拐角处"的一家膳宿公寓。那天下午我起身告辞前，她坐到那架胡桃金的旧钢琴前，弹奏了两首莫扎特早期作品。

她大笑道："真是早哈！谱曲时他才六岁。"

之后，弗兰克那些从西班牙归来的朋友也给出了建议。

"如果想那笔钱多用些日子的话，"他们说，"伊维萨（Ibiza）[1]是个好去处。"

"伊维萨？"

"拼写里有个'z'，但西班牙语读作'th'。"

"哦。"

. . . .

1　西班牙岛屿，著名旅游胜地，属于巴利阿里群岛之一，另外两个大岛为马略卡、梅诺卡。

"住伊维萨岛的话，每月开销也就三四镑。"弗兰克提醒我说。格雷维尔如今住在托萨[1]，她在巴塞罗那有套公寓，他会写信通知她，对方会在巴塞罗那接待我，然后送我上开往伊维萨岛的船。

"看来应该住伊维萨岛了，毕竟我的钱不多啊。"

"来看地图，就在这儿，马略卡和梅诺卡的下面。罗伯特·格雷夫斯[2]就住在马略卡。"

"罗伯特·格雷夫斯！"

我们一直在读此人的诗和小说。弗兰克的友人说，有朋友去马略卡拜访过罗伯特·格雷夫斯，也遇到了弗雷娅·斯塔克[3]。

"弗雷娅·斯塔克是谁啊？"

"就是那位旅行作家。"

"哦。"

每个人都有旅行故事！每个人都在谈论要干什么，要去哪里，又期待什么，而我则愉快地听着，故作从容，内心却充满恐惧。有天晚上，乌娜·普拉特斯[4]来跟我讲坐船穿过苏伊士运河去伦敦的事儿，真是有趣极了。苏

----

1 托萨（Tossa），西班牙海滨小镇。
2 罗伯特·格雷夫斯（Robert Graves, 1895—1985）：英国诗人，学者，小说家及翻译家。专门从事古希腊和罗马作品的研究。在他漫长的一生中，共创作了140余部作品。他的回忆录《向一切告别》讲述了他在第一次世界大战中的经历。他被誉为最优秀的英语爱情诗诗人。
3 弗雷娅·斯塔克（Freya Stark, 1893—1993）：英国探险家和旅行作家。
4 乌娜·普拉特斯（Una Platts, 1908—2005）：新西兰艺术家，也是该国最早的艺术史学家之一。

伊士运河。白人人口贩卖[1]。乌娜穿了一条百褶裙，说是"涤纶"的。

"这条裙子是刚买的，"她说，"不需要熨烫，无论怎样褶子都不变形。"

（我又是一声"哦"，送给这条永不变形的百褶裙！）

此番远行该带什么衣物让我大费思量。我读过盎格鲁-撒克逊"漫游者"和"航海者"对北半球天气的描述，留下了极端、严酷和可怖的印象。对其他因素的想象也大抵如此。所以，在我看来，衣服至少是抵御北半球危险的第一道屏障。

弗兰克提建议时的口吻酷似我爸："你只需要带葆拉送的便裤和套衫，还有你自己织的开衫毛衣。"最近几周等待启程的日子里，我就像个怀孕的女人，开始织毛衣，给弗兰克打了一件超大号的套头衫，给自己的则是件宽大的浅褐色连帽开衫。之所以挑中浅褐色，是因为我没胆量选一种很正的颜色。最近我一直在研究轮船公司的手册，里面有身着闪亮晚礼服和时尚日光浴服的女性照片，真是美极了。其中一张很有味道，一位女郎身穿线条优美的露背装准备去赴晚宴，而一位穿束腰夹克的英俊男士正帮她拉拉链。他们甜蜜地笑着，女人转头后顾，妩媚地瞥向他。船上生活给描画为一阵阵透着性之狂喜的旋风，目光相遇，两手相触，心下期盼身体的碰撞；所有乘客都英俊美丽，身着最为时尚的服装，白天不停地游戏、散步，坐在摆满食物的餐桌边享用烤火鸡、大

----

1 这里应该指的是对白人妇女进行的以强迫卖淫为目的的贩卖。

龙虾、奶油松糕、香槟酒，在月光下一连数小时尽情欢舞，真不晓得哪还有精力参加夜晚余下的活动。很难相信我将是这些乘客中的一员，更不敢妄想身穿露背装，而且有人会笑着帮我拉拉链。

这番幻想刚一冒出便烟消云散。我将过的是苦行僧般的生活，穿什么不重要。

眼瞅着三百镑流水般花了出去，我便收拾了些还算新的衣服，装进皮箱乘轮渡上城里去。轮渡上都是一大早去购物的人，戴着白手套和帽子，那时人们都是"穿戴齐整"去城里的。我跑了几家二手店兜售衣服，却很快发现，每次急切地说"可这衣服就跟新的一样啊"，得到的都是同样的回答，"这些不值什么钱"。面对这个"真实"的世界，我感到益发悲哀惶恐，因为没人在乎你，板着脸孔的城里人眼里只有钱。而我又无法自我安慰，说这不重要，因为这很重要，我必须多凑些钱。我想把收音电唱机和唱片送给弗兰克，但他执意让我拿去卖掉。然而，碰到的又是个冷面孔的店员，只给了我十英镑，于是我把唱片给了妹妹。可接下来奇迹发生了，有位"匿名资助者"寄给弗兰克五十镑，说是"给珍妮特买些旅途所需的衣物"。我猜那人是查尔斯·布拉什，果不其然就是他。出乎意料的是，我已下定决心做苦行僧，所以坚持说这笔钱太宝贵，"全花在衣服上"纯属浪费。虽然有钱了，我还是再次乘轮渡去了奥克兰，巴望着能卖掉那件在"摩登小姐"买的橄榄绿大衣。想起当时好不容易攒够了十镑，买到时如何兴高采烈，便笃定它能卖个好价钱。

店员说："两先令，不能再多了。"

我觉得，与其让它给扔进一堆闪亮臃肿的旧衣服里，留在这间散发着汗臭和樟脑味的阴暗店铺中，还不如自己留下它。

我买了一本旧的《福多欧洲旅游指南》，准备做旅行计划。我把书拿回小屋，没让弗兰克看到，也许他会觉得买这书是乱花钱。读着读着，我发现自己越发茫然困惑，越发激动紧张。海外旅行真是这样吗？指南中的信息铺天盖地，而且强调每条都很重要，大多列在各类表中，告诉你该买什么，该去哪儿买，细致讲述了购买皮草、丝绸、瓷器、珠宝及羊毛制品时何谓物美价廉，还将出售此类货品的国家、城市和店铺的名称详尽列出，就好像每个旅人都是出国淘货的商贾。书中还交代了该看的景点、博物馆、画廊和教堂，该做的旅行以及旅行时该带的服装。最后是《多国语言常用语汇表》，这一部分我立刻撕下来，贴在纸板文件夹里，好在旅途中随时查询。

我仔细研究了指南提供的着装建议。书中强调说，冬天赴欧旅行，最好穿件厚大衣，里面加个能拆卸的暖和内衬，拆下来可以当睡袍。

我立即买来四码廉价的麦尔登呢，是蓝灰条纹的，试图做一件大衣内衬，但没有成功：它皱巴巴的不肯"顺垂"，有些地方超出了大衣的下摆。我还去军用剩余物资商店买了个绿色帆布背包，一口把手可折叠的军用平底锅，三只小绿色帆布包，很像儿童装弹珠的小口袋，用来装钱。弗兰克说背包比皮箱方便。他的朋友提醒我，若是坐海轮的话，不要忘了带只客舱行李箱。我心里直叹气，自己也太穷了，连只行李箱都买不起。

去诺斯克特看妹妹时，我也收获了一堆建议。她的英国朋友听说我准备在克拉珀姆公地落脚，惊恐地盯着我说：

"克拉珀姆？不要吧！我不建议住那种地方。那儿太城里（urban）了，不要太城里了。"她把情绪全集中在了"城里"二字上。我颇感疑惑，难道我弄错了urban[1]的意思，难道如今它有更多的内涵？

"你说的 urban 是什么意思啊？"

"你不知道吗？ urban 啊，就是说有很多工厂什么的。"

从那刻起，我便能想见自己会住在伦敦城里怎样的地方。我仿佛看到空寂无人的街道，两旁是鳞次栉比的高大建筑，犹如航空站，每栋都有扇灰色小门面对街道，那便是一座座工厂。我那朝花园的房间便位于两座工厂间，沿着小巷走下去，会有另一扇小门，门内是一块水泥空地，毫无花园的模样，之所以叫花园，不过是心血来潮，做了个一厢情愿的美梦罢了。我独自生活在这条工厂街上，无人值守的机器日夜轰鸣。我想到杰丝·惠特沃斯的讲述，说她如何"应对"大都市，先找到住所，放下行李后便外出"熟悉环境"，记住街名地名，留意哪些店子可以购买食品，一番初步探索之后，便回到住

1　城市的，有关城市的。

处"聚集蒸汽"[1]（她的很多比喻都跟航海有关），好再次出发，进一步探索。我试图想象自己一英里一英里地走着，不见人迹，亦不见店铺，然后穿过窄巷回我的"花园房"。启程前的几周里，关于北半球，我的脑中满是透着凶兆的意象，如今回头看，真不知道当时的我是否如自己所想的那般聪明，不过这点也好解释，因为那会儿的我，再次被帮助我规划未来的人所包围。

我再次扮演了顺从与被动的角色，这是当初在医院时强加给我的，而生来害羞的我则顺理成章地予以接受：往好里讲，这是蜂后的角色，周围扈从环伺；往糟里说，这是受害者的角色，软弱无力，身无长物；两种情况下，你都不属于自己，为你规划好的未来每人都有份。

护照寄来了，船票拿到了手，匿名出资五十镑让我购买服装的人保证支付返程费用，我还订好了夜班特快卧铺票，准备启程赶赴惠灵顿。

然而我病倒了，病得很厉害，是天花疫苗的副作用。我觉得自己要死了。我迷迷糊糊地躺在小屋里，弗兰克用勺子喂我牛奶米糊，那是给婴儿和早早离开母亲的猫咪吃的。疫苗的副作用还没好利索，我又染上了所谓的"1918年"流感，那年它正在奥克兰肆虐蔓延。如今，想到要远行我便心生恐惧，病也就好得缓慢。弗兰克一如既往地耐心有爱，拿东西来分散我的注意力，比如内有暴风雪场景的玻璃球、放到水里就会开的日本纸花，好逗我开心，弄得我跟个病孩子似的。他将中国风

· · · · · · · ·

1 "gather steam"就是养足精神的意思。

铃挂在小屋敞开的门口，微风入窗，穿屋而过，吹进木瓜树旁的花园，风铃随风轻摇，叮咚作响。

弗兰克与我都无法掩饰自己的沮丧，仿佛到了世纪之末，又好似一个存活了几百万年的种族行将灭绝；时间被夸大了，宛如剥去了壳的生灵，在触摸或瞥视下颤抖着，也如割开丝茧后取出的蚕。

卡尔和凯已经离开奥克兰去了阿米代尔[1]。我们很想他们，急切地盼望他们的来信。莫里斯·达根精神委顿，无法工作。弗兰克有天带我去看望莫里斯和芭芭拉，顺便瞧瞧那棵释迦树。几个人坐在宽敞明亮的大房间里，听着维多利亚·洛斯·安赫莱斯[2]的演唱，几本《巴黎评论》放在小茶桌上。竟然是《巴黎评论》。弗兰克说，莫里斯是个饱受煎熬的浪漫主义者；我看着他和芭芭拉，觉得这二人不但聪敏睿智，而且充满文学气息，其文字中微妙的色彩变化定会让师院美术教师兴奋不已。我依然动不动就会惊讶地张大嘴巴，对任何人、任何事以及这个世界发出惊叹。

还有些零星工作要完成。《谈论宝藏》这个书名佩加瑟斯出版社的阿尔比昂·赖特不喜欢，建议我换一下。我说那就叫《在海声中》吧，他说不行啊，因为最近有个中学老师写了本书，叫作《在钟声里》。我说不如叫《当猫头鹰在哀叫》？他说不好，叫《猫头鹰在哀叫》吧。

. . . .

1 澳大利亚新南威尔士州城市，新英格兰大学的所在地。
2 维多利亚·洛斯·安赫莱斯（Victoria Los Angeles, 1923—2005）：西班牙籍歌剧女高音演唱家，于 20 世纪 40 年代初出道，70 年代中期达到事业顶峰。

如今，一连数个晚上，我坐着听人家聊最新的话题。"珍妮特要去伊维萨住，住到钱花光为止。""珍妮特打算先去伦敦，然后乘火车南下……八成在巴黎住一宿……接着前往巴塞罗那……然后乘船去巴利阿里群岛……珍妮特是……珍妮特会……珍妮特已经……"

我貌似愁苦，内心却升腾起冒险的感觉。我知道，弗兰克亦看似愁苦，但愁苦之下却是宽慰，因为终于可以多些平静，随心所欲地继续创作了。我甚至想不起来，当初如何就决定要出国，可我知道已无法回头。若当真掉头回返，便再无生存机会。我最该做的就是逃离这个国度，因为自学生时代起，我的与众不同，甚至我的写作梦想，都被视作疯癫的佐证。

可是，唉，想想前方漫长而陌生的旅程，我心里好慌啊：穿越浩渺的太平洋，穿越英吉利海峡，在巴黎过夜，穿过法国、西班牙，越过地中海！就像一直以来，那一刻支撑我的，是透过"雪莱的眼睛"，看到前方的大地风光和：

> 蓝色的地中海，它躺在那里，
> 被自己晶莹的水波催眠入梦。

二十七　旅　人

就如即将踏上漫漫海上旅程的神话人物，我先得经历考验，这是我家庭主持下的一次修炼，为期四天，直到我的轮船鸣笛离港。我会先去佩托尼，住在波莉姑姑和威尔姑父家。每年这个时候，爸爸都北上观看橄榄球比赛，这次他会来惠灵顿波莉姑姑家同我会合。妈妈的两个姐妹埃尔茜和乔伊也希望在惠灵顿见到我。我从奥克兰出发，经过漫长的旅程，一路晕车到了惠灵顿。家人之间难免各种摩擦，我很怕面对即将对我展开的打磨。

到了佩托尼，波莉姑姑带我去看睡觉的地方，那是张低矮的露营折叠床，就支在起居室的进门处。它的确很低，后门下溜进来的寒风能直接吹到身上。

"你爸呢，当然是睡客房那张床了。"

"哦，那当然。"

她目光灼灼地盯着我。"我就不明白了，为什么你要丢下爸爸，大老远跑到国外去。你妈刚过世，你该待在家里照顾爸爸才对啊。"

我无言以对。第二天一早，我们要去渡轮码头接爸爸。

波莉姑姑转而打量起我的穿戴来。她是位裁缝高手，即便这把年纪了，小裁缝铺里还是摆满了各种"难整"的活儿，譬如男士大衣、长裤、西装，袖口及上身皆精致复杂的女士礼服裙。

"我的天，你干吗穿件这么丑的开衫啊？这也太肥了吧，颜色也真够糟，这算什么颜色啊。穿着它你就像是块土坷垃，反正差不多。还有这条裙子，把你的身材全给暴露出来了。"

"这开衫是我自己织的，"我不无骄傲地说，"这颜色挺好的，什么都能配啊。"

"哼，还挺好的。"

挑眼的话说完后，她变得和善起来。"听说你得了流感，那可千万不能感冒哦。"

威尔姑父身材高大，一双棕色的眼睛母牛般柔和。那晚他从汽车厂下班回到家，一身打扮立刻沦为波莉姑姑下一个评判对象："瞧瞧你的围巾，该围成那样吗？大衣是怎么穿的，怎么那样吊着，哈？"

她是这个世界的裁缝！就像个艺术家，不断将目之所见纳入画框，分离出客体，将其冻结，为的是以想象力改变其面貌。

直到姑父顺了姑姑的意，谈话方重归正常，甚至透着温馨，回荡着笑声。

翌日早晨，波莉姑姑驾驶蛙绿色轿车，带我去轮渡码头接爸爸。我见他走下步桥，虽然穿着整洁得体，皮鞋锃亮，西装挺括，但在冬日的天海光影下，灰白的头发更显灰白，孤寂的面容透露出内心的痛苦与凌乱。霎时间我泪如泉涌，朝他奔过去。妈妈去世后我还未见过他。他像婴儿般嘟着嘴，身体抖动着，与我拥抱在一起痛哭失声。爸爸不像波莉姑姑，对我获资助出洋颇感自豪，而他的自豪感一旦被激起，其他痛苦的情绪都会给压制下去。

"这下你要回家了。"他说。

这话吓了我一跳。还从未听他管北半球叫家。平常，但凡听人家管英国叫家，他都会大肆嘲笑。我曾听他鄙夷地说："还家呢，得了吧。这儿就是家，就在这儿。我要是说瞎话，就侧着身子单腿蹦到普基蒂拉基[1]去!"

在姑姑家的那几天，几次听他说："知道吗，珍妮特要回家了。"我发觉自己获得了某种尊重，几乎盖住了"疯侄女"这一身份。现在的我是"即将留洋回'家'的侄女"。

我猛然意识到，父亲用"家"这个字，是对姑姑姑父和其他亲戚的尊重，因为他采用的是他们的语言。这份尊重要么是出于本能，要么是不愿显得异类。就连用刀叉，他都改成了姑姑的方式。而且，有屁都憋着没敢放。前面我说过，在人眼里，姑姑和姑父属于"上流社会"，这是个模糊不清、变动不居的领域，边界处有几位市长、政务委员和公认的"重要"人物。姑姑常说："你知道，这人可了不得。"从未听她说"你知道，这人没什么"，但她的确有意无意地暗示过，不是谁都配做大人物。

妈妈的姐妹埃尔茜和乔伊带我去柯卡尔迪斯喝上午茶。对我的穿戴她们亦颇有微词，还责备我"没遇到命运"，也就是没结婚。不过数落归数落，却并无怨怼与刻薄。这是两个漂亮女人，回忆起自己年轻时柯卡尔迪斯的旧事，便漾起松快的笑声。二人温柔和善，对人充满关切；乔伊姨妈棕色的眼睛就像是野生小动物的，不时闪现出一丝惊恐。我跟她不大熟，也就无从猜测其中的根由。

二人坚持说，北边儿冬天太冷，我需要件厚实些的

1 新西兰奥塔戈的一个小村庄，在达尼丁北部约三十五公里处。

衣服，于是"各出一半"，给我买了件暖和的棕色大衣。

"这样人就靓多了。"她们说。

连波莉姑姑都觉得这件大衣挺不错。

"至少能遮住那件糟糕的夹克。"

我没跟她计较。身为裁缝，她这么做是在为这个世界负责。

鲁阿希尼号已驶入港口，当晚我便要启程。姑姑姑父和爸爸送我上船，从主甲板往下走了几层，才帮我找到那间六人舱，然后他们便迅速上岸返回码头，仿佛怕那船是座监牢，会将他们拘禁。

"我们就别待在这儿看着她起锚了。"

爸爸骄傲地说着这艘船，以前他也是这般说起火车头的，亲热地用"她"来称呼。过去谈起河流时，他也是"她这""她那"的，善于观测水文天气的他只消瞥一眼，便会提醒我们说："她就要变浑了……"

我站在甲板上的旅客中，看他们抛出彩带，被码头上的送行者接在手里。那年月，乘船旅行算是件隆重的事情。码头上有铜管乐队，演奏些老曲子、毛利人歌谣和军队进行曲。我在甲板上没动，又看了一眼身穿蓝色大衣、整洁却显脆弱的波莉姑姑，她身边高大的威尔姑父，以及躲在半开放的码头棚屋下、在寒风中缩着肩膀的爸爸，最后挥一挥手，手里紧攥着五英镑纸币，姑姑塞给我时轻声说"这是姑父和我的心意"。我转身走向楼梯，而乐队正奏响《现在是时候了》，那乐声宛如长柄勺般探入我内心，不停地搅动，搅动。

我回到六人舱，我的下铺就在门边。我接受了过来

222

人的建议，带了装在椭圆小瓶子里的薰衣草嗅盐、一小罐薄脆饼以及一管克威尔斯晕船药。我挺瞧不上它们，知道不会用到，便统统锁进了一个小抽屉。轮船驶离惠灵顿港时，我感到了引擎的搏动，感到船缓慢前行。

对晕船的恐惧消失了，我想："还不错，首次海上旅行目前为止还算顺利。"

我爬到甲板上。此刻时间尚早，还无旅客身着晚礼服翩翩起舞，不过从什么地方传来乐声，夹杂着交谈与嬉笑。

惠灵顿的灯火在远处闪耀着。我俯在甲板栏杆上，既欢喜又恐惧，忍不住很想哭。突然，船身起伏摇摆较之前猛烈起来，我们已经到了公海。我的旅程开始了。